明活字本墨子

佚名 撰

第二册

国家圖書館出版社

U0125246

第二册目録

墨子卷之九

非樂中第三十三　闕

非樂下第三十四　闕

非命上第三十五

子墨子言曰古者王公大人爲政國家者皆欲國家之富人民之衆刑政之治然而不得富而得貧不得衆而得寡不得治而得亂則是本失其所欲得其所惡是故何也子墨子言曰執有命者以雜於民間者衆執有命者之言曰命富則富命貧則貧命衆則衆命寡則寡命治則治命亂則亂命壽則壽命夭則夭命雖強勁何益哉上以說王公大人下以駔百姓之從事故執有命者不仁故當執有命

奈

民

者之言不可不明辯然則明辯此之說將奈何哉子墨子言曰必立儀言而毋儀譬猶運鈞之上而立朝夕者也是非利害之辯不可得而明知也故言必有三表何謂三表子墨子言曰有本之者有原之者有用之者於何本之上本之於古者聖王之事於何原之下原察百姓耳目之實於何用之廢以爲刑政觀其中國家百姓人民之利此所謂言有三表也然而今天下之士君子或以命爲有益蓋嘗尚觀於聖王之事古者桀之所亂湯受而治之紂之所亂武王受而治之此世未易民未渝於桀紂則天下亂在於湯武則天下治豈可謂有命哉然而今天下之士君子或以命爲有益嘗尚觀於先王之書先王之書所出國家

布施百姓憲也先王之憲亦嘗有曰福不可請而禍不可諱敬無益暴無傷者乎所以聽獄制罪者刑也先王之刑亦嘗有曰福不可請禍不可諱敬無益暴無傷者乎所以整設師旅進退師徒者誓也先王之誓亦嘗有曰福不可請禍不可諱敬無益暴無傷者乎是故子墨子言曰吾當未鹽數天下之良書不可盡計數大方論數而五者是也今雖毋求執有命者之言不必得不亦可錯乎今用執有命者之言是覆天下之義覆天下之義者是立命者也百姓之誶也說百姓之誶者是滅天下之人也然則所爲欲義在上者何也曰義人在上天下必治上帝山川鬼神必有幹主萬民被其大利何以知之子墨子曰古者湯封於

柰

亳絶長繼短方地百里與其百姓兼相愛交相利移則分率其百姓以上尊天事鬼是以天鬼富之諸侯與之百姓親之賢士歸之未殁其世而王天下政諸侯昔者文王封於岐周絶長繼短方地百里與其百姓兼相愛交相利則是以近者安其政遠者歸其德聞文王者皆起而趨之罷不肖股肱不利者處而願之曰柰何乎使文王之地及我吾則吾利豈不亦猶文王之民也哉是以天鬼富之諸侯與之百姓親之賢士歸之未殁其世而王天下政諸侯鄉者言曰義人在上天下必治上帝山川鬼神必有幹主萬民被其大利吾用此知之是故古之聖王發憲出令設以爲賞罰以勸賢是以入則孝慈於親戚出則弟長於鄉里

辨 第

坐處有度出入有節男女有辯是故使治官府則不盜竊
守城則不崩叛君有難則死出亡則送世上之所賞而百
姓之所譽也執有命者之言曰上之所賞命固且賞非賢
故賞也上之所罰命固且罰不暴故罰也是故入則不慈
孝於親戚出則不治長於鄉里坐處不度出入無節男女
無辨是故治官府則盜竊守城則崩叛君有難則不死出
亡則不送世上之所罰百姓之所非毀也執有命者言曰
上之所罰命固且罰不暴故罰也上之所賞命固且賞非
賢故賞也以此爲君則不義爲臣則不忠爲父則不慈爲
子則不孝爲兄則不良爲弟則不弟而強執此者此持凶
言之所自生而暴人之道昔然則何以知命之爲暴人之

至

道昔上世之窮民貪於飲食惰於從事是以衣之財不足而飢寒凍餒之憂至不知曰我罷不肖從事不疾必曰我命固且貧昔上世暴王不忍其耳目之淫心涂之辟不順其親戚遂以亡失國家傾覆社稷不知曰我罷不肖爲政不善必曰吾命固失之於仲虺之告曰我聞于夏人矯天命布命于下帝伐之惡龔喪厥師此言湯之所以非桀之執有命也於太誓曰紂夷處不肯事上帝鬼神禍厥先神禔不祀乃曰吾民有命無廖排扁天亦縱之棄而弗葆此言武王所以非紂執有命也今用執有命者之言則上不聽治下不從事上不聽治則刑政亂下不從事則財用不足上無以共粢盛酒醴祭祀上帝鬼神降綏天下賢可之

士外無以應待諸侯之賓客內無以食飢衣寒將養老弱故命上不利於天中不利於鬼下不利於人而强執此者此特凶言之所自生而暴人之道也是故子墨子言曰今天下之士君子忠實欲天下之富而惡其貧欲天下之治而惡其亂執有命者之言不可不非此天下之大害也

非命中第三十六

子墨子言曰凡出言談由文學之爲道也則不可而不先立義法若言而無義譬猶立朝夕於員鈞之上也則雖有巧工必不能得正焉然今天下之情僞未可得而識也故使言有三法三法者何也有本之者有原之者有用之者於其本之也考之天鬼之志聖王之事於其原之也徵以

先王之書用之柰何發而爲刑此言之三法也今天下之士君子或以命爲亡我所以知命之有與亡者以衆人耳目之情知有與亡有聞之有見之謂之有莫之聞莫之見謂之亡然胡嘗考之百姓之情自古以及今生民以來者亦嘗見命之物聞命之聲者乎則未嘗有也若以百姓爲愚不肖耳目之情不足因而爲法然則胡不嘗考之諸侯之傳言流語乎自古以及今生民以來者亦嘗有聞命之聲見命之體者乎則未嘗有也然胡不嘗考之聖王之事古之聖王舉孝子而勸之事親尊賢良而勸之爲善發憲布令以教誨賞罰以勸沮若此則亂者可使治而危者可使安矣若以爲不然昔者桀之所亂湯治之紂之所亂武

王治之此世不渝而民不改上變政而民易教其在湯武則治其在桀紂則亂安危治亂在上之發政也則豈可謂有命哉夫曰有命云者亦不然矣今夫有命者言曰我非作之後世也自昔三代有若言以傳流矣今故先生對之曰夫有命者不志昔也三代之聖善人與意亡昔三代之暴不肖人也何以知之初之列士桀大夫慎言知行此上有以規諫其君長下有以教順其百姓故上有以規諫其君長下有以教順其百姓故上得其君長之賞下得其百姓之譽列士桀大夫聲聞不廢傳流至今而天下皆曰其力也一不顧其國家百姓之政繁為無用暴逆百姓使下不親其上是故國為虛厲身在刑僇之中必不能曰我見

饑

人久

命焉是故昔者三代之暴王不繆其耳目之淫不慎其心志之辟外之歐騁田獵畢弋內沈於酒樂而罷不肖我爲刑政不善必曰我命故且亡雖昔也三代之窮民亦由此也內之不能善事其親戚外不能善事其君長惡恭儉而好簡易貪飲食而惰從事衣食之財不足使身至有饑寒凍餒之憂心不能曰我罷不肖我從事不疾必曰我命固且窮雖昔也三代之僞民亦猶此也繁飾有命以教衆愚樸久人矣聖王之患此也故書之竹帛琢之金石於先王之書仲虺之告曰我聞有夏人矯天命布命于下帝式是惡用闕師此語夏王桀之執有命也湯與仲虺共非之先王之書太誓之言然曰紂夷之居而不肯事上帝棄闕其

先神而不祀也曰我民有命毋僇其務天不亦棄縱而不葆此言紂之執有命也武王以太誓非之有於三代不國有之曰女毋崇天之有命也命三不國亦言命之無也於召公之執令於然且敬哉無天命惟予二人而無造言不自降天之哉得之在於商夏之詩書曰命者暴王作之且今天下之士君子將欲辯是非利害之故當有天命者不可不疾非也執有命者此天下之厚害也是故子墨子非也

非命下第三十七

子墨子言曰凡出言談則必可而不先立儀而言若不先立儀而言譬之猶運鈞之上而立朝夕焉也我以爲雖有

萬

朝夕之辯必將終未可得而從定也是故言有三法何謂三法曰有考之者有原之者有用之者惡乎考之考先聖大王之事惡乎原之察衆之耳目之請惡乎用之發而爲政乎國察萬民而觀之此謂三法也故昔者三代聖王禹湯文武方爲政乎天下之時曰必務擧孝子而勸之事親尊賢良之人而教之爲善是故出政施教賞善罰暴且以爲若此則天下之亂也將屬可得而治也社稷之危也將屬可得而定也若以爲不然昔桀之所亂湯治之紂之所亂武王治之當此之時世不渝而民不易上變政而民改俗存乎桀紂而天下亂存乎湯武而天下治天下之治也湯武之力也天下之亂也桀紂之罪也若以此觀之夫安危

治亂存乎上之爲政也則夫豈可謂有命哉故昔者禹湯
文武方爲政乎天下之時曰必使飢者得食寒者得衣勞
者得息亂者得治遂得光譽令問於天下夫豈可以爲命
哉故以爲其力也今賢良之人尊賢而好功道術故上得
其王公大人之賞下得其萬民之譽遂得光譽令問於天
下亦豈以爲其命哉又以爲力也然今夫有命者不識昔
也三代之聖善人與意亡昔三代之暴不肖人與若以說
觀之則必非昔三代聖善人也必暴不肖人也然今以命
爲有者昔三代暴王桀紂幽厲貴爲天子富有天下於此
乎不而矯其耳目之欲而從其心意之辟外之敺騁田獵
畢弋內湛於酒樂而不顧其國家百姓之政繁爲無用暴

逆百姓遂失其宗廟其言不曰吾罷不肖吾聽治不強必
曰吾命固將失之雖昔也三代罷不肖之民亦猶此也不
能善事親戚君長甚惡恭儉而好簡易貪飲食而惰從事
衣食之財不足是以身陷乎飢寒凍餒之憂其言不曰吾
罷不肖吾從事不強又曰吾命固將窮昔三代僞民亦猶
此也昔者暴王作之窮術之此皆疑衆遲樸先聖王之患
之也固在前矣是以書之竹帛鏤之金石琢之盤盂傳遺
後世子孫曰何書焉存禹之總德有之曰允不著惟天民
不而葆既防凶心天加之咎不慎厥德天命焉葆仲虺之
告曰我聞有夏人矯天命于下帝式是增用爽厥師彼用
無爲有故謂矯若有而謂有夫豈謂矯哉昔者桀執有命

謂
我
十尚
政

而行湯爲仲虺之告以非之太誓之言也於去發曰惡乎君子天有顯德其行甚章爲鑑不遠在彼殷王謂人有命謂敬不可行謂祭無益謂暴無傷上帝不常九有以亡上帝不順祝降其喪惟我有周受之大帝昔者紂執有命而行武王爲太誓去發以非之曰子胡不尚考之乎商周虞夏之記從十簡之篇以尚皆無之將何若者也是故子墨子曰今天下之君子之爲文學出言談也非將勤勞其惟舌而利其唇呡也中實將欲爲其國家邑里萬民刑政者也今也王公大人之所以早朝晏退聽獄治政終朝均分而不敢息怠倦者何也曰彼以爲強必治不強必亂強必寧不強必危故不敢怠倦今也卿大夫之所以竭股肱之

爲

力殫其思慮之知內治官府外斂關市山林澤梁之利以
實官府而不敢怠倦者何也曰彼以爲強必貴不強必賤
強必榮不強必辱故不敢怠倦今也農夫之所以蚤出暮
入強乎耕稼樹藝多聚升粟而不敢怠倦者何也曰彼以
爲強必富不強必貧強必飽不強必飢故不敢怠倦今也
婦人之所夙興夜寐強乎紡績織紝多治麻統葛緒捆布
縿而不敢怠倦者何也曰彼以爲強必富不強必貧強必
煖不強必寒故不敢怠倦今雖毋在乎王公大人蕢若信
有命而致行之則必怠乎聽獄治政矣卿大夫必怠乎治
官府矣農夫必怠乎耕稼樹藝矣婦人必怠乎紡績織紝
矣王公大人怠乎聽獄治政卿大夫怠乎治官府則我以

養

爲天下必亂矣農夫怠乎耕稼樹藝婦人怠乎紡績織紝則我以爲天下衣食之財將必不足矣若以爲政乎天下上以事天鬼天鬼不使下以待養百姓百姓不利必離散不可得用也是以入守則不固出誅則不勝故雖昔者三代暴王桀紂幽厲之所以共抎其國家傾覆其社稷者此也是故子墨子言曰今天下之士君子中實將欲求興天下之利除天下之害當若有命者言也曰命者暴王所作窮人所術非仁者之言也今之爲仁義者將不可不察而強非者此也

非儒上第三十八闕

非儒下第三十九

登　悖　者

儒者曰親親有術尊賢有等言親疏尊卑之異也其禮曰喪父母三年其後子三年伯父叔父弟兄庶子其戚族人五月若以親疏爲歲月之數則親者多而疏者少矣是妻後子與父同也若以尊卑爲歲月數則是尊其妻子與父母同而親伯父宗兄而卑子也逆孰大焉其親死列尸弗登屋窺井挑鼠穴探滌器而求其人焉以爲實在則戇愚甚矣如其亡也必求焉僞亦大矣取妻身迎祇褍爲僕秉轡授綏如仰嚴親昏禮威儀如承祭祀顛覆上下悖逆父母下則妻子妻子上侵事親若此可謂孝乎儒者迎妻妻之奉祭祀子將守宗廟故重之應之曰此誣言也其宗兄守其先宗廟數十年死喪之其兄弟之妻奉其先之祭祀

弗散則從妻子三年必非以守奉祭祀也夫憂妻子以大
負絫有曰所以重親也爲欲厚所至和輕所至重豈非大
姦也哉有強執有命以說議曰壽夭貧富安危治亂固有
天命不可損益窮達賞罰幸否有極人之知力不能爲焉
群吏信之則怠於分職庶人信之則怠於從事不治則亂
農事緩則貧貧且亂政之本而儒者以爲道教是賊天下
之人者也且夫繁飾禮樂以淫人久喪僞哀以謾親立命
緩貧而高浩居倍本棄事而安怠傲貪於飲食惰於作務
陷於飢寒危於凍餒無以違之是若人氣鼸鼠藏而羝羊
視賁彘起君子笑之怒曰散人焉知良儒夫夏乞麥禾五
穀既收大喪是隨子姓皆從得厭飲食畢治數喪足以至

舟　曰強故

矣因人之家翠以爲恃人之野以爲尊富人有喪乃大說
喜曰此衣食之端也儒者曰君子必服古言然後仁應之
曰所謂古之者皆嘗新矣而古人服之則君子也然則必
法非君子之服言非君子之言而後仁乎又曰君子循而
不作應之曰古者羿作弓伃作甲奚仲作車巧垂作舟然
則今之鮑函車匠皆君子也而羿伃奚仲巧垂皆小人邪
且其所循人必或作之然則其所循皆小人道也人曰君
子勝不逐奔揜函弗射施則助之胥車應之曰若皆仁人
也則無說而相與仁人以其取舍是非之理相告無故從
有故也弗知從有知也無辭必服見善必遷何故相若兩
暴交爭其勝者欲不逐奔揜函弗射施則助之胥車雖盡

能猶且不得爲君子也意暴殘之國也聖將爲世除害興師誅罰勝將因用儒術令士卒曰毋逐奔揜函勿射施則助之胥車暴亂之人也得活天下害不除是爲羣殘父母而深賤世也不義莫大焉又曰君子若鍾擊之則鳴弗擊不鳴應之曰夫仁人事上竭忠事親得孝務善則美有過則諫此爲人臣之道也今擊之則鳴弗擊不鳴隱知豫力恬漠待問而後對雖有君親之大利弗問不言若將有大寇亂盜賊將作若機辟將發也他人不知己獨知之雖其君親皆在不問不言是夫大亂之賊也以是爲人臣不忠爲子不孝事兄不弟交遇人不貞良夫執後不言之朝物見利使己雖恐後言君若言而未有利焉則高拱下視會

本

孔丘

滅

義

壹爲深曰惟其未之學也用誰急遺行遠矣夫一道術學
業仁義也皆大以治人小以任官遠施用偏近以循身不
義不處非理不行務興天下之利曲直周旋利則止此君
子之道也以所聞孔丘之行則本與此相反謬也齊景公
問晏子曰孔子爲人何如晏子不對公又復問不對景公
曰以丘孔語寡人者衆矣俱以賢人也今寡人問之而子
不對何也晏子對曰嬰不肖不足以知賢人雖然嬰聞所
謂賢人者入人之國必務合其君臣之親而弭其上下之
怨孔丘之荊知白公之謀而奉之以石乞君身幾滅而白
公僇嬰聞賢人得上不虛得下不危言聽於君必利人教
行下必於上是以言明而易知也行易而從也行義可明

逃

可機

乎民謀慮可通乎君臣今孔丘深慮同謀以奉賊勞思盡知以行邪勸下亂上教臣殺君非賢人之行也入人之國而與人之賊非義之類也知人不忠趣之爲亂非仁義之也逃人而後謀避人而后言行義不可明於民謀慮不可通於君臣嬰不知孔丘之有異於白公也是以不對景公曰嗚呼貺寡人者衆矣非夫子則吾終身不知孔丘之與白公同也孔丘之齊見景公景公說欲封之以尼谿以告晏子晏子曰不可夫儒浩居而自順者也不可以教下好樂而淫人不可使親治立命而怠事不可使守職宗喪循哀不可使慈民機服勉容不可使導衆孔丘盛容脩飾以蠱世弦歌鼓舞以聚徒繁登降之禮以示儀務趨翔之節

以觀衆儒學不可使議世勞思不可榮壽不能盡其學當年不能行其禮積財不能贍其樂繁飾邪術以營世君盛爲聲樂以淫遇民其道不可以期世其學不可以導衆今君封之以利齊俗非所以導國先衆善於是禮留其封敬見而不問其道孔丘乃志怒於景公與晏子乃樹鴟夷子及於田常之門告南郭惠子以所欲爲歸於魯有頃閒齊將伐魯告子貢曰賜乎舉大事於今之時矣乃遣子貢之齊因南郭惠子以見田常勸之伐吳以教高國鮑晏使毋得害田常之亂勸越伐吳三年之内齊吳破國之難伏尸以言術數孔丘之誅也孔丘爲魯司寇舍公家而於季孫季孫相魯君而走季孫與邑人爭門關決植孔丘窮於蔡

陳之間藜羹不糂十日子路爲享豚孔丘不問肉之所由來而食號人衣以酤酒孔丘不問酒之所由來而飲哀公迎孔丘席不端弗坐割不正弗食子路進請曰何其與陳蔡反也孔丘曰來吾語女曩與女爲苟義夫飢約則不辭妄取以活身羸飽僞行以自飾汙邪詐僞孰大於此孔丘與其門弟子閒坐曰夫舜見瞽叟然就此時天下坡乎周公旦非其人也邪何爲舍亦家室而託寓也孔丘所行心術所至也其徒屬弟子皆效孔丘子貢季路輔孔悝乎衛陽虎亂乎齊佛肸以中牟叛求雕刑殘莫大焉夫爲弟子後生其師必脩其言法其行力不足知弗及而後已今孔丘之行如此儒士則可以疑矣

墨子卷之九終

道藏本校　沛八

無終字

士

墨子卷之十

經上第四十

故所得而後成也止以久也體分於兼也必不巳也知材也平同高也慮求也同長以缶相盡也知接也中同長也恕明也厚有所大也仁體愛也日中缶南也義利也直參也禮敬也圜一中同長也行爲也方柱隅四讙也實榮也倍爲二也忠以爲利而強低也端體之無序而最前者也孝利親也有間中也信言合於意也閒不及旁也佴自作也纑間虛也謂作嗛也盈莫不有也廉作非也堅白不相外也令不爲所作也攖相得也任士損巳而益所爲也似有以相攖有不相攖也勇志之所以敢也次無間而不攖

且

攖也力刑之所以奮也法所若而然也生刑與知處也佴所然也卧知無知也說所以明也夢卧而以爲然也彼不可兩不可也平知無欲惡也辯爭彼也辯勝當也利所得而喜也爲窮知而縣於欲也害所得而惡也已成亡治求得也使謂故譽明美也名達類私誹明惡也謂移舉加舉擬實也知聞說親名實合爲言出舉也聞傳親且且言然也見體盡君臣萌通約也合缶宜必功利民也欲缶權利且惡缶權害賞上報下之功也爲存亡易蕩治化罪犯禁也同重體合類罰上報下之罪也異二體不合不類同異而俱於之一也同異交得放有無久彌異時也宇彌異所也聞耳之聰也窮或有前不容尺也循所聞而得其意心

音利

也察也盡莫不然也言口之利也始當時也執所言而意得見心之辯也化徵易也諾不一利用損偏去也假執說巧轉則求其故大益儇秖法同則觀其同庫易也法異則觀其宜動或從也止因以別道讀此書旁行缶無非

經下第四十一

止類以行人說在同所存與者於存與孰存駟異說推類之難說在之大小五行毋常勝說在宜物盡同名二與鬭愛食與招白與視麗與夫與履一偏棄之謂而固是也說在因不可偏去而二說在見與俱一與二廣與循無欲惡之爲益損也說在宜不能而不害說在害損而不害說在餘異類不吡說在量知而不以五路說在久偏去莫加少

説在故必熱説在頓假必誖説在不然知其所以不知説在以名取物之所以然與所以知之與所以使人知之不必同説在病無不必待有説在所謂疑説在逢循遇過擢慮不疑説在有無合與一或復否説在拒且然不可正而不害用工説在宜歐物一體也説在俱一惟是均之絶不説在所均宇或從説在長宇久堯之義也生於今而處於古而異時説在所義二臨鑑而立景到多而若少説在寡區狗犬也而殺狗非殺犬也可説在重鑑位量一小而易一大而缶説在中之外內使殷美説在使鑑團景一不堅白説在刹之大其沈淺也説在具無久與宇堅白説在因以檻爲摶扵以爲無知也説在意在諸其所然未者然説

枝可

在於是推之意未可知說在可用過仵景不從說在改爲一少於二而多於五說在建住景二說在重非半弗新則不動說在端景到在午有端與景長說在端可無也有之而不可去說在嘗然景迎日說在傅鉒而不可擔說在摶景之小大說在地鉒遠近宇進無近說在敷天而必鉒說在得行循以久說在先後貞而不撓說在勝一法者之相與也盡若方之相召也說在方契與枝板說在薄狂舉不可以知異說在有不可牛馬之非牛與可之同說在無偏者不可正說在剃循此循此與彼此同說在異推之必往說在廢材唱和同患說在功買無貴說在仮其賈閒所不知若所知則兩知之說在告賈宜則讐說在盡以言爲盡

辯　逃逃

誖誖說在其言無謬而懼說在弗心惟吾謂非名也則不
可說在仮或過名也說在實無窮不害兼說在盈否知知
之否之足用也誖說在無以也不知其數而知其盡也說
在明者謂辯無勝必不當說在辨不知其所處不害愛之
說在喪子者無不讓也不可說在始仁義之爲外內也內
說在仵顏於一有知焉有不知焉說在存學之益也說在
誹者有指於二而不可逃說在以二絫誹之可否不以衆
寡說在可非所知而弗能指說在春也逃臣狗犬貴者非
誹者誖說在弗非知狗而自謂不知犬過也說在重物簊
不甚說在若是通意後對說在不知其誰謂也取下以求
上也說在澤是是與是同說在不州

經說上第四十二

故小故有之不必然無之必不然體也若有端大故有之必無然若見之成見也體若二之一尺之端也知材知也者所以知也而必知若明慮慮也者以其知有求也而不以得之若睨知知也者以其知過物而能貌之若見恕恕也者以其知論物而其知之也著若明仁愛也者非爲用已也不若愛馬著若明義志以天下爲芬而能能利之不必用禮貴者公賤者名而俱有敬侵焉等異論也行所爲不善名行也所爲善名巧也若爲盜實其志氣之見也使人如已不若金聲玉服忠不利弱子亥足將入止容孝以親爲芬而能能利親不必得信不以其言之當也使人視

卧

城得金佴與人淵人䏣循詷爲是爲是之台彼也弗爲也廉已惟爲之知其也䵷也所令非身弗行任爲身之所惡以成人之所急勇以其敢於是也命之不以其不敢於彼也害之力重之謂下與重奮也生楹之生商不可必也臥夢平惔然利得是而喜則是利也其害也非是也害得是而惡則是害也其利也非是也治吾事治矣人有治南北譽之必其行也其言之忻使人督之誹必其行也其言之忻譽告以文名舉彼實也故言也者諸口能之出民者也民若畫俿也言也謂言猶石致也且自前曰且自後曰已方然亦且若石者也君以若名者也功不待時若衣裘功不待時若衣裘賞罪不在禁惟害無罪殆姑上報下之功

也若揵

也罰上報下之罪也伺二人而俱見是楹也若事君今久
古今旦莫宇東西家南北窮或不容尺有窮莫不容尺無
窮也盡但止動始時或有久或無久始當無久化若鼃爲
鶉損偏也者兼之禮也其體或去存謂其存者損儇昫民
也庫區穴若斯貌常動偏祭從者户樞免瑟止無久之不
止當牛非馬若矢過楹有久之不止當馬非馬若人過梁
必謂臺執者也若弟兄一然者一不然者必不必也是非
必也同捷與狂之同長也心中自是往相若也厚惟無所
大圜規寫支也方矩見支也倍二尺與尺但去一端是無
同也有聞謂夾之者也聞謂夾者也尺前於區穴而後於
端不夾於端與區内及及非齊之及也纑虛也者兩木之

有

間謂其無木者也盈無盈無無厚於尺無所往而不得得二
堅異處不相盈相非是相外也攖尺與尺俱不盡端無端
但盡尺與或盡或不盡堅白之攖相盡體攖不相盡端仳
兩有端而后可次無厚而厚可法意規員三也俱可以爲
法佴然也者民若法也彼凡牛樞非牛兩也無以非也辯
或謂之牛或謂之非牛是爭彼也是不俱當不俱當必或
不當不若當犬爲欲難其指智不知其害是智之罪也若
智之慎文也無遺於其害也而猶欲難之則離之是猶食
脯也騷之利害未知也欲而騷是不以所疑止所欲也廧
外之利害未可知也趨之而得力則弗趨也是以所疑止
所欲也觀爲窮知而縣於欲之理難脯而非恕也難指而

非恳也所爲與不所與爲相疑也非謀也巳爲衣成也治病亡也使令謂謂也不必成濕故也必待所爲之成也名物達也有實必待文多也命之馬類也若實也者必以是名也命之臧私也是名也止於是實也聲出口俱有名若姓宇灑謂狗犬命也狗犬舉也叱狗加也知傳受之聞也方不㢓說也身觀焉親也所以謂名也所謂實也名實耦合也志行爲也聞或告之傳也身觀焉親也見時者體也二者盡也古兵立反中志工正也臧之爲宜也非彼必不有必也聖者用而勿必必也者可勿疑仗者兩而勿偏爲早臺存也病亡也買鬻易也霄盡蕩也順長治也鼁買化也同二名一實重同也不外於兼體同也俱處於室合同

與

也有以同類同也異二必異二也不連屬不體也不同所
不合也不有同不類也同異交得於福家良恕有無也比
度多少也免蚓還園去就也鳥折用桐堅柔也劍尤早死
生也處室子子母長少也兩絕勝白黑也中央旁也論行
行行學實是非也難宿成未也兄弟俱適也身處志往存
亡也霍爲姓故也賈宜貴賤也諸超城員止也相從相去
先知是可五色長短前後輕重援執服難成言務成之九
則求執之法法取同觀巧傳法取此擇彼問故觀宜以人
之有黑者有不黑者也止黑人與以有愛於人有不愛於
人心愛人是孰宜心彼舉然者以爲此其然也則舉不然
者而問之若聖人有非而不非正五諸皆人於知有說過

與

五諸若員無直無說用五諸若自然矣

經說下第四十三

止彼以此其然也說是其然也我以此其不然也疑是其然也謂四足獸與牛鳥與物盡與大小也此然是必然則俱爲麋同名俱鬬不俱二三與鬬也包肝肺子愛也橘茅食與招也白馬多白視馬不多視白與視也爲麗不必麗不必麗與暴也爲非以人是不爲非若爲夫勇不爲夫爲屨以買衣爲屨夫與屨也二與一亡不與一在偏去未有文實也而後謂之無文實也則無謂也不若敷與美謂是則是固美也謂也則是非美無謂則報也見不見離一二不相盈廣脩堅白舉不重不與箴非力之任也爲握者之

顧倍非智之任也若耳目異木與夜孰長智與粟孰多爵親行賈四者孰貴麋與霍孰高麋與霍孰霍蚓與瑟孰瑟偏俱一無變假假必非也而後假狗假霍也猶氏霍也物或傷之然也見之智也告之使智也疑逢爲務則士爲牛廬者夏寒逢也舉之則輕廢之則重非有力也沛從削非巧也若石羽楯也鬬者之敝也以飲酒若以日中是不可智也愚也智與以已爲然也與愚也俱俱一若牛馬四足惟是當牛馬數牛數馬則牛馬二數牛馬則牛馬一若數指指五而五一長宇徙而有處宇宇南北在且有在莫宇徙久無堅得白必相盈也在堯善治自今在諸古也自古在之今則堯不能治也景光至景亡若在盡古息景二光

尒中鑒

夾一光一光者景也景光之人煦若射下者之人也高
者之人也下光蔽下光故成景於上首蔽上光故成景於
下在遠近有端與於光故景庫內也景日之光反燭人則
景在日與人之間景木柂景短大木正景長小大小於木
則景大於木非獨小也遠近臨正鑒景寡貌能白黑遠近
柂正異於光鑒景當俱就去尒當俱俱用北鑒者之臭於
鑒無所不鑒景之臭無數而必過正故同處其體俱然鑒
分鑒中之內鑒者近中則所鑒大景亦大遠中則所鑒小
景亦小而必正起於中緣正而長其直也中之外鑒者近
中則所鑒大景亦大遠中則所鑒小景亦小而必易合於
而長其直也鑒鑒者近則所鑒大景亦大亦遠所鑑小景

亦小而必正景過正故招負衡木如重焉而不撓極勝重也右校交繩無加焉而撓極不勝重也衡加重於其一旁必捶權重相若也相衡則本短標長兩加焉重相若則標必下標得權也挈有力也引無力也不心所挈之止於施也繩制挈之也若以錐刺之挈長重者下短輕者上上者愈得下下者愈亡繩直權重相若則心矣收上者愈喪下者愈得上者權重盡則遂挈兩輪高兩輪爲輲車梯也重其前弦其前載弦其前載弦其軲而縣重於其前是梯挈且挈則行凡重上弗挈下弗收旁弗劫則下直扡或害之也沶梯者不得沶直也今也廢尺於平地重不下無跨也若夫繩之引軲也是猶自舟中引橫也倚倍拒堅䠶倚焉

為

則不正誰絣石絫石耳夾寢者法也方石去地尺關石於
其下縣絲於其上使適至方石不下柱也膠絲去石挈也
絲絕引也未變而名易收也買刀糴相爲賈刀輕則糴不
貴刀重則糴不易王刀無變糴有變歲變糴則歲變刀若
鬻子賈盡也者盡去其以不讎也其所以不讎去則讎正
賈也宜不宜正欲不欲若敗邦鬻室嫁子無子在軍不必
其死生聞戰亦不必其生前也不懼今也懼或知是之非
此也有知是之不在此也然而謂此南北過而以已爲然
始也謂此南方故今也謂此南方智論之非智無以也謂
所謂非同也則異也同則或謂之狗其或謂之犬也異則
或謂之牛牛或謂之馬也俱無勝是不辯也辯也者或謂

之是或謂之非當者勝也無讓者酒未讓始也不可讓也於石一也堅白二也而在石故有智焉有不智焉可有指子智是有智是吾所先舉重則子智是而不智吾所先舉也是一謂有智焉有不智焉也若智之則當指之智告我則我智之兼指之以二也衡指之參直之也若曰必獨指吾所舉毋舉吾所不舉則者固不能獨指所欲相不傳意若未校且其所智是也所不智是也則是智是之不智也惡得爲一謂而有智焉有不智焉所春也其執固不可指也逃臣不智其處狗犬不智其名也遺者巧弗能兩也智智狗重智犬則過不重則不過通問者曰子智羈乎應之曰羈何謂也彼曰羈施則智之若不問羈何謂徑應以弗

智則過且應必應問之時若應長應有深淺天常中任兵
人長所室堂所存也其子存者也處在者而問室堂惡可
存也主室堂而問存者孰存也是一主存者以問所存一
主所存以問存者五合水土火火離然火鑠金火多也金
靡炭金多也合之府木木離木若識麋與魚之數惟所利
無欲惡傷生損壽說以少連是誰愛也嘗多粟或者欲不
有能傷也若酒之於人也且恕人利人愛也則惟恕弗治
也損飽者去餘適足不害能害飽若傷麋之無脾也且有
損而后益智者若瘧病之之於瘧也智以目見而目以火
見而火不見惟以五路智久不當以目見若以火見火謂
火熱也非以火之熱我有若視曰智雜所智與所不智而

后
臧 且

問之則必曰是所智也是所不智也取去俱能之是兩智
之也無若無焉則有之而後無無天陷則無之而無擢疑
無謂也臧也今死而春也得文文死也可且猶是也且且
必然且已必已且用工而後已者必用工後已均髮均縣
輕而髮絕不均也均其絕也莫絕堯霍或以名視人或以
實視人舉友富商也是以名是人也指視霍也是以實視
人也堯之義也是聲也於今所義之實處於古若殆於城
門與於臧也狗狗犬也謂之殺犬可若兩髀使令使也我
使我我不使亦使我殿戈亦使殿不美亦使殿剃沉剃之
具也則沈淺非荆淺也若易五之一以楹之摶也見之其
於意也不易先智意相也若楹輕於秋其於意也洋然段

九 有

椎錐俱事於履可用也成繪屨過椎與成椎過繪屨同過件也一五有一焉一有五焉十二焉非斮半進前取也前則中無爲半猶端也前後取則端中也斮必半毋與非半不可斮也可無也已給則當給不可無也久有窮無窮正心無所處而不中縣摶也偏字不可偏舉字也進行者先數近後數遠行者行者必先近而後遠遠脩近脩也先後久也民行修必以久也一方貌盡俱有法而異或木或石不害其方之相台也盡貌猶方也物俱然牛狂與馬惟異以牛有齒馬有尾說牛之非馬也不可是俱有不偏有偏無有曰之與馬不類用牛角馬無角是類不同也若舉牛有角馬無角以是爲類之不同也是狂舉也猶牛有齒馬

且

有尾或不非牛而非牛也可則或非牛或牛而牛也可故曰牛馬非牛也未可牛馬牛也未可則或可或不可而曰牛馬牛也未可亦不可且牛不二馬不二而牛馬二則牛不非牛馬不非馬而牛馬非牛非馬無難彼正名者彼此彼此可彼彼止於彼此此止於此彼此不可彼且此也彼此亦可彼此止於彼此若是而彼此也則彼亦且此此也唱無過無所周若粺和無過使也不得已唱而不和是不學也智少而不學必寡和而不唱是不教也智而不教功適息使人奪人衣罪或輕或重使人予人酒或厚或薄聞在外者所不知也或曰在室者之色若是其色是所不智若所智也猶白若黑也誰勝是若其色也若白者必白今

行窮可智

也智其色之若白也故智其白也夫名以所明正所不智不以所不智疑所明若以尺度所不智長外親智也室中說智也以誹不可也出入之言可是不誹則是有可也之人之言不可以當必不審惟謂是霍可而猶之非夫霍也謂彼是是也不可謂者毋惟乎其謂彼猶惟乎其謂則吾謂不行彼若不惟其謂則不行也無南者有窮則可盡無窮則不可盡有窮無窮未可智則可盡不可盡不可盡未可智人之盈之否未可智而必人之可盡不可盡亦未可智而必人之可盡愛也誹人若不盈先窮則人有窮也盡有窮無難盈無窮則無窮盡也盡有窮無難不二智其數惡智愛民之盡文也或者遺乎其問也盡問人則盡愛其

與　且

所問若不智其數而智愛之盡文也無難仁仁愛也義利
也愛利此也所愛所利彼也愛利不相爲內外所愛利亦
不相爲外內其爲仁內也義外也舉愛與所利也是狂舉
也若左目出右目入學也以爲不知學之無益也故告之
也是使智學之無益也是教也以學爲無益也教誖論誹
誹之可不可以理之可誹雖多誹其誹是也其理不可非
雖少誹非也今也謂多誹者不可是猶以長論短不誹非
已之誹也不非誹非可非也不可非也是不非誹也物甚
長甚短莫長於是莫短於是是之是也非是也者莫甚於
是取高下以善不善爲度不若山澤處下善於處上下所
請上也不是是則是且是焉今是文於是而不於是故是

不文是不文則是而不文焉今是不文於是而文於是故文與是不文同說也

無終字

墨子卷之十終

道藏本校　沛九

臧 下同

墨子卷之十一

大取第四十四

天之愛人也薄於聖人之愛人也其利人也厚於聖人之利人也大人之愛小人也薄於小人之愛大人也其利小人也厚於小人之利大人也以臧爲其親也而愛之非愛其親也以臧爲其親也而利之非利其親也以樂爲利其子而爲其子欲之愛其子也以樂爲利其子而爲其子求之非利其子也於所體之中而權輕重之謂權權非爲是也非非爲非也權正也斷指以存擥利之中取大害之中取小也害之中取小也非取害也取利也其所取者人之所執也遇盜人而斷指以免身利也其遇盜人害也斷指

與斷腕利於天下相若無擇也死生利若一無擇也殺一人以存天下非殺一人以利天下也殺已以存天下是殺已以利天下於事爲之中而權輕重之謂求求爲之非也害之中取小求爲義非爲義也爲暴人語天之爲是也而性爲暴人歌天之爲非也諸陳執既有所爲而我爲之陳執執之所爲因吾所爲也若陳執未有所爲而我爲之陳執陳執因吾所爲也暴人爲我爲天之以人非爲是也而性不可正而正之利之中取大非不得已也害之中取小不得已也所未有而取焉是利之中取大也於所既有而棄焉是害之中取小也義可厚厚之義可薄薄之謂倫列德行君上老長親戚此皆所厚也爲長厚不爲幼薄親厚

毋

厚親薄薄親至薄不至義厚親不稱行而顧行爲天下厚
禹爲禹也爲天下厚愛禹乃爲禹之人愛也厚禹之加於
天下而厚禹不加於天下若惡盜之爲加於天下而惡盜
不加於天下愛人不外己己在所愛之中己在所愛愛加
於己倫列之愛己愛人也聖人惡疾病不惡危難正體不
動欲人之利也非惡人之害也聖人不爲其室臧之故在
於臧聖人不得爲子之事聖人之法死亡親爲天下也厚
親分也以死亡之體渴興利有厚薄而無倫列之興利爲
己語經語經也非白馬焉執駒焉說求之舞說非也漁大
之舞大非也三物必具然後足以生臧之愛己非爲愛己
之人也厚不外己愛無厚薄舉己非賢也義利不義害志

功爲辯有有於秦馬有有於馬也智來者之馬也愛衆衆
世與愛寡世相若兼愛之有相若愛尚世與愛後世一若
今之世人也鬼非人也兄之鬼兄也天下之利驩聖人有
愛而無利俔日之言也乃客之言也天下無人子墨子之
言也猶在不得已而欲之非欲之也非殺臧也專殺盜非
殺盜也凡學愛人小圜之圜與大圜之圜同方至尺之不
至也與不至鍾之至不異其不至同者遠近之謂也是璜
也是玉也意楹非意木也意是楹之木也意指之人也非
意人也意獲也乃意禽也志功不可以相從也利人也爲
其人也富人非爲其也人有爲也以富人富人也治人有
爲鬼焉爲賞譽利一人非爲賞譽利人也亦不至無貴於

欲　甚　其

人皆親之一利未爲孝也亦不至於智不爲已之利於親
也智是之世之有盜也盡愛是世智是室之有盜也不盡
是室也皆其一人之盜也不盡是二人雖其一人之盜苟
不智其所在盡惡其弱也諸聖人所先爲人欵名實名實
不必名苟是石也白敗是石也盡與白同是石也唯大不
與大同是有便謂焉也以形貌命者必智是之某也焉智
某也不可以形貌命者唯不智是之某也智某可也諸以
居運命者苟人於其中者皆是也去之因非也諸以居運
命者若鄉里齊荆者皆是諸以形貌命者若山丘室廟者
皆是也智與意異重同具同連同同類之同同名之同丘
同鮒同是之同然之同同根之同有非之異有不然之異

有　請　非

肘其興也爲其同也爲其同也興一曰乃是而然二曰乃
是而不然三曰遷四曰彊子㴱其深淺其淺益其益尊其
尊察次山比因至優指復次察聲端名因請復正夫辭惡
者人右以其請得焉諸所遭執而欲惡生者人不必以其
請得焉聖人之拊瀆也仁而無利愛利愛生於慮昔者之
慮也非今日之慮也昔者之愛人也非今之愛人也愛獲
之愛人也生於慮獲之利非慮臧之利也而愛臧之愛人
也乃愛獲之愛人也去其愛而天下利弗能去也昔之知
墻非今日之知墻也貴爲天子其利人不厚於正夫二子
事親或遇孰或遇凶其親也相若非彼其行益也非加也
外執無能厚吾利者藉臧也死而天下害吾特養臧也萬

鼓

倍吾愛藏也不加厚長人之異短人之同其貌同者也故同指之人也與首之人也與人之體非一貌者也故異將劍與挺劍異劍以形貌命者也其形不一故異楊木之木與桃木之木也同諸非以舉量數命者敗之盡是也故一人指非一人也是一人之指乃是一人也方之一面非方也方木之面方木也以故生以理長以類行也者立辭而不明於其所生忘也今人非道無所行唯有強股肱而不明於道其困也可立而待也夫辭以類行者也立辭而不明於其類則必困矣故浸淫之辭其類在於鼓栗聖人也為天下也其類在於追迷或壽或卒其利天下也指若其類在譽石一日而百萬生愛不加厚其類在惡害愛二世

類下同

井

有厚薄而愛二世相若其類在蛇文愛之相若擇而殺其一人其類在阬下之鼠小仁與大仁行厚相若其類在中凡興利除害也其類在漏雍厚親不稱行而類行其類在江上井不爲已之可學也其類在獵走愛人非爲譽也其類在逆旅愛人之親若愛其親其類在官苟兼愛相若一愛相若一愛相若其類在死也

小取第四十五

夫辯者將以明是非之分審治亂之紀明同異之處察名實之理處利害決嫌疑焉摹略萬物之然論求群言之比以名舉實以辭抒意以說出故以類取以類予有諸己不非諸人無諸己不求諸人或也者不盡也假者今不然也

舉

之侔

效者爲之法也所效者所以爲之法也故中效則是也不中效則非也此效也辟也者舉也物而以明之也侔也者比辭而俱行也援也者曰子然我奚獨不可以然也推也者以其所不取之同於其所取者予之也是猶謂也者同也吾豈謂也者異也夫物有以同而不率遂同辭侔之也有所至而正其然也有所以然也同其所以然不必同其取之也有以取之其取之也同其所以取之不必同是故辟侔援推之辭行而異轉而危遠而失流而離本則不可不審也不可常用也故言多方殊類異故則不可偏觀也夫物或乃是而然或是而不然或一害而一不害或一是而一不是也不可常用也故言多方殊類異故則不可偏

雞

觀也非也白馬馬也乘白馬乘馬也驪馬馬也乘驪馬乘馬也獲人也愛獲愛人也臧人也愛臧愛人也此乃是而然者也獲之親人也獲事其親非事人也其弟美人也愛弟非愛美人也車木也乘車非乘木也船木也人船非人木也盜人人也多盜非多人也無盜非無人也奚以明之惡多盜非惡多人也欲無盜非欲無人也世相與共是之若若是則雖盜人人也愛盜非愛人也不愛盜非不愛人也殺盜人非殺人也無難盜無難矣此與彼同類世有彼而不自非也墨者有此而非之無故也焉所謂內膠外閉與心毋空乎內膠而不解也此乃是而不殺者也且夫讀書非好書也且鬬雞非雞也好鬬雞好雞也且入井非入

井也止且入井止入井也且出門非出門也止且出門止
出門也若若是且夭非夭也壽夭也有命非命也非執有
命非命也無難矣此與彼同世有彼而不自非也墨者有
此而罪非之無也故焉所謂內膠外閉與心毋空乎內膠
而不解也此乃是而然者也愛人待周愛人而後爲愛人
不愛人不待周不愛人不失周愛因爲不愛人矣乘馬待
周乘馬然後爲乘馬也有乘於馬因爲乘馬矣逮至不乘
馬待周不乘馬而後不乘馬而後不乘馬此一周而一不
周者也居於國則爲居國有一宅於國而不爲有國桃之
實桃也棘之實非棘也問人之病問人也惡人之病非惡
人也人之鬼非人也兄之鬼兄也祭人之鬼非祭人也祭兄

之鬼乃祭兄也之馬之目盼則爲之馬盼之馬之目大而不謂之馬大之牛之毛黃則謂之牛黃之牛之毛衆而不謂之牛衆一馬馬也二馬馬也馬四足者一馬而四足也非兩馬而四足也一馬馬也馬或白者二馬而或白也非一馬而或白此乃一是而一非者也

耕柱第四十六

子墨子怒耕柱子耕柱子曰我毋俞於人乎子墨子曰我將上大行駕驥與羊我將誰歐耕柱子曰將歐驥也子墨子曰何故毆驥也耕柱子曰驥足以責子曰我亦以子爲足以責巫馬子謂子墨子曰鬼神孰與聖人明智子墨子曰鬼神之明智於聖人猶聰耳明目之與聾瞽也昔者夏

舉

后開使蜚廉折金於山川而陶鑄之於昆吾是使翁難卜
於白若之龜曰鼎成三足而方不炊而自烹不舉而自臧
不遷而自行以祭於昆吾之墟上鄉人言兆之由曰饗矣
逢逢白雲一南一北一西一東九鼎既成遷於三國夏后
氏失之殷人受之殷人失之周人受之夏后殷周之相受
也數百歲矣使聖人聚其良臣與其桀相而謀豈能智數
百歲之後哉而鬼神智之是故曰鬼神之明智於聖人也
猶聰耳明目之與聾瞽也治徒娛縣子碩問於子墨子曰
爲義孰爲大務子墨子曰譬若築墻然能築者築能實壤
者實壤能欣者欣然後墻成也爲義猶是也能談辯者談
辯能說書者說書能從事者從事然後義事成也巫馬子

謂子墨子曰子兼愛天下未云利也我不愛天下未云賊也功皆未至子何獨自是而非我哉子墨子曰今有燎者此於一人奉水將灌之一人摻火將益之功皆未至子何貴於二人巫馬子曰我是彼奉水者之意而非夫摻火者之意子墨子曰吾亦是吾意而非子之意也子墨子游荊耕柱子於楚二三子過之食之三升客之不厚二三子復於子墨子曰耕柱子處楚無益矣二三子過之食之三升客之不厚子墨子曰未可智也毋幾何而遺十金於子墨子曰後生不敢死有十金於此願夫子之用也子墨子曰果未可智也巫馬子謂子墨子之爲義也人不見而耶鬼不見而富而子爲之有狂疾子墨子曰今使子有二臣於此其一

子

也

一人者見子從事不見子則不從事其一人者見子亦從
事不見子亦從事子誰貴於此二人巫馬子曰我貴其見
我亦從事不見我亦從事者子墨子曰然則是子亦貴有
狂疾者子夏之徒問於子墨子曰君子有鬬乎子墨子曰
君子無鬬子夏之徒曰狗豨猶有鬬惡有士而無鬬矣子
墨子曰傷矣哉言則稱於湯文行則譬於狗豨傷矣哉巫
馬子謂子墨子曰舍今之人而譽大王是譽槁骨也譬若
匠人然智槁木也而不智生木子墨子曰天下之所以生
者以大王之道教也今譽大王是譽天下之所以生也可
譽而不譽仁也子墨子曰和氏之璧隋侯之珠三棘六異
此諸侯之所謂良寶也可以富國家衆人民治刑政安社

侯

稷乎曰不可所爲貴良寶者爲其可以利也而和氏之璧
隋侯之珠三棘六異不可以利人是非天下之良寶也今
用義爲政於國家人民必衆刑政必治社稷必安所爲貴
良寶者可以利民也而義可以利人故曰義天下之良寶
也葉公子高問政於仲尼曰善爲政者若之何仲尼對曰
善爲政者遠者近之而舊者新之子墨子聞之曰葉公子
高未得其問也仲尼亦未得其所以對也葉公子高豈不
知善爲政者之遠者近也而舊者新是哉問所以爲之若
之何也不以人之所不智告人以所智告之故葉公子高
未得其問也仲尼亦未得其所以對也子墨子謂魯陽文
君曰大國之攻小國譬猶童子之爲馬也童子之爲馬足

用而勞今大國之攻小國也攻者農夫不得耕婦人不得織以守爲事攻人者亦農夫不得耕婦人不得織以攻爲事故大國之攻小國也譬猶童子之爲馬也子墨子曰言足以復行者常之足以舉行者勿常不足以舉行而常之是蕩口也子墨子使管黔敖游高石子於衛衛君致祿甚厚設之於鄉高石子三朝必盡言而言無行者去而之齊見子墨子曰衛君以夫子之故致祿甚厚設我於鄉石三朝必盡言而言無行是以去之也衛君無乃以石爲狂乎子墨子曰去之苟道受狂何傷古者周公旦非關叔辭三公東處於商蓋人皆謂之狂後世稱其德揚其名至今不息且翟聞之爲義非避毀譽就去之道苟受狂何傷高石

子曰石去之焉敢不道也昔者夫子有言曰天下無道仁士不處厚焉今衛君無道而貪其祿爵則是我為苟陷人長也子墨子說而召子禽子曰姑聽此乎夫倍義而鄉祿者我常聞之矣倍祿而鄉義者於高石子焉見之也子墨子曰世俗之君子貧而謂之富則怒無義而謂之有義則喜豈不悖哉公孟子曰先人有則三而已矣子墨子曰孰先人而曰有則三而已矣子未智人之先有後生有反子墨子而反者我豈有罪哉吾反後子墨子曰是猶三軍北失後之人求賞也公孟子曰君子不作術而已子墨子曰不然人之其不君子者古之善者不誅今也善者不作其次不君子者古之善者不遂已有善則作之欲善之自已

出也今誅而不作是無所異於不好遂而作者矣吾以爲古之善者則誅之今之善者則作之欲善之益多也巫馬子謂子墨子曰我與子異我不能兼愛我愛鄒人於越人愛魯人於鄒人愛我鄉人於魯人愛我家人於鄉人愛我親於我家人愛我身於吾親以爲近我也擊我則疾擊彼則不疾於我我何故疾者之不拂而疾不者之拂故有我有殺彼以我無殺我以利子墨子曰子之義將匿耶意將以告人乎巫馬子曰我何故匿我義吾將以告人子墨子曰然則一人說子一人欲殺子以利己十人說子十人欲殺子以利己天下說子天下欲殺子以利己一人不說子一人欲殺子以子爲施不祥言者也十人不說子十人欲

殺子以子爲施不祥言者也天下不說子天下欲殺子以子爲施不祥言者也說子亦欲殺子不說子亦欲殺子是所謂經者口也殺常之身者也子墨子曰子之言惡利也若無所利而不言是蕩口也子墨子謂魯陽文君曰今有一人於此羊牛犓豢維人但割而和之食之勝食也見人之生餅則還然竊之曰舍余食不智日月安不足乎其有竊疾乎魯陽文君曰有竊疾也子墨子曰楚三意之田曠蕪而不可勝辟評靈數千不可勝見宋鄭之閒邑則還然竊之此與彼異乎魯陽文君曰是猶彼也實有竊疾也子墨子曰季孫紹與孟伯常治魯國之政不能相信而祝於禁社曰苟使我和是猶弇其目而視於禁社也苟使我皆

視豈不繆哉子墨子謂駱滑氂曰我聞子好勇駱滑氂曰
然我聞其鄉有勇士焉吾必從而殺之子墨子曰天下莫
不欲與其所好度其所惡今子聞其鄉有勇士焉必從而
殺之是非好勇也是惡勇也

無終字

墨子卷之十一終

道藏本校　沛十

墨子卷之十二

貴義第四十七

子墨子曰萬事莫貴於義今謂人曰予子冠履而斷子之手足子爲之乎必不爲何故則冠履不若手足之貴也又曰予子天下而殺子之身子爲之乎必不爲何故則天下不若身之貴也爭一言以相殺是貴義於其身也故曰萬事莫貴於義也子墨子自魯即齊過故人謂子墨子曰今天下莫爲義子獨自苦而爲義子不若已子墨子曰今有人於此有子十人一人耕而九人處則耕者不可以不益急矣何故則食者衆而耕者寡也今天下莫爲義則子如勸我者也何故止我子墨子南游於楚獻惠王獻惠王以

老辭使穆賀見子墨子子墨子說穆賀穆賀大說謂子墨子曰子之言則成善矣而君王天下之大王也毋乃曰賤人之所爲而不用乎子墨子曰唯其可行譬若藥然草之本天子食之以順其疾豈曰一草之本而不食哉今農夫入其稅於大人大人爲酒醴粢盛以祭上帝鬼神豈曰賤人之所爲而不享哉故雖賤人也上比之農下比之藥曾不若一草之本乎且主君亦嘗聞湯之說乎昔者湯將往見伊尹令彭氏之子御彭氏之子半道而問曰君將何之湯曰將往見伊尹彭氏之子曰伊尹天下之賤人也君若欲見之亦令召問焉彼受賜矣湯曰非女所知也今有藥此食之則耳加聰目加明則吾必說而强食之今夫伊尹

伊尹
苟

之於我國也譬之良醫善藥也而子不欲我見伊尹是子不欲吾善也因下彭氏之子不使御彼苟然然後可也子墨子曰凡言凡動利於天鬼百姓者爲之凡言凡動害於天鬼百姓者舍之凡言凡動合於三代聖王堯舜禹湯文武者爲之凡言凡動合於三代暴王桀紂幽厲者舍之子墨子曰言足以遷行者常之不足以遷行者勿常以遷行而常之是蕩口也子墨子曰必去六辟嘿則思言則誨動則事使者三代御必爲聖人必去喜去怒去樂去悲去愛而用仁義手足口鼻耳從事於義必爲聖人子墨子謂二三子曰爲義而不能必無排其道譬若匠人之斲而不能無排其繩子墨子曰世之君子使之爲一彘之宰不能則

黔黑

辭之使爲一國之相不能而爲之豈不悖哉子墨子曰今瞽曰鉅者白也黔者墨也雖明目者無以易之兼白墨使瞽取焉不能知也故我曰瞽不知白墨者非以其名也以其取也今天下之君子之名仁也雖禹湯無以易之兼仁與不仁而使天下之君子取焉不能知也故我曰天下之君子不知仁者非以其名也亦以其取也子墨子曰今事之用身不若商人之用一布之愼也商人用一布布不敢繼苟而讎焉必擇良者今士之用身則不然意之所欲則爲之厚者入刑罰薄者被毁醜則士之用身不若商人之用一布之愼也子墨子曰世之君子欲其義之成而助之脩其身則慍是猶欲其墻之成而人助之築則慍也豈不

怪下同

悖哉子墨子曰占之聖王欲傳其道於後世是故書之竹帛鏤之金石傳遺後世子孫欲後世子孫法之也今聞先王之遺而不爲是廢先王之傳也子墨子南遊使衛關中載書甚多弦唐子見而怪之曰吾夫子教公尚過曰揣曲直而已今夫子載書甚多何有也子墨子曰昔者周公旦朝讀書百篇夕見漆十士故周公旦佐相天子其修至於今翟上無君上之事下無耕農之難吾安敢廢此翟聞之同歸之物信有誤者然而民聽不鈞是以書多也今若過之心者數逆於精微同歸之物既已知其要矣是以不教以書也而子何怪焉子墨子謂公良桓子曰衛小國也處於齊晉之間猶貧家之處於富家之間也貧家而學富家

與

之衣食多用則速亡必矣今簡子之家飾車數百乘馬食菽粟者數百匹婦人衣文繡者數百人吾取飾車食馬之費與繡衣之財以畜士必千人有餘若有患難則使百人處於前數百於後與婦人數百人處前後孰安吾以爲不若畜士之安也子墨子仕於衛所仕者至而反子墨子曰何故反對曰與我言而不當曰待女以千盆授我五百盆故去之也子墨子曰授子過千盆則子去之乎對曰不去子墨子曰然則非爲其不審也爲其寡也子墨子曰世俗之君子視義士不若負粟者今有人於此負粟息於路側欲起而不能君子見之無長少貴賤必起之何故也曰義也今爲義也君子奉承先王之道以語之縱不說而行又

從而非毀之則是世俗之君子之視義士也不若視負粟者之子墨子曰商人之四方市賈信徙雖有關梁之難盜賊之危必爲之今士坐而言義無關梁之難盜賊之危此爲信徙不可勝計然而不爲則士之計利不若商人之察也子墨子北之齊遇日者日者曰帝以今日殺黑龍於北方而先生之色黑不可以北子墨子不聽遂北而反焉日者曰我謂先生不可以北子墨子曰南之人不得北北之人不得南其色有黑者有白者何故皆不遂也且帝以甲乙殺青龍於東方以丙丁殺赤龍於南方以庚辛殺白龍於西方以壬癸殺黑龍於北方若用子之言則是禁下行者也是圍心而虛天下也子之言不可用也子墨子曰吾

因

言足用矣舍言革思者是猶舍穫而攗粟也以其言非吾言者是猶以卵投石也盡天下之卵其石猶是也不可毀也

公孟第四十八

公孟子謂子墨子曰君子共己以待問焉則言不問焉則止譬若鍾然扣則鳴不扣則不鳴子墨子曰是言有三物焉子乃今知其一身也又未知其所謂也若大人行淫暴於國家進而諫則謂之不遜因左右而獻諫則謂之言議此君子之所疑惑也若大人為政將因於國家之難譬若機之將發也然君子之必以諫然而大人之利若此者雖不扣必鳴者也若大人舉不義之異行雖得大巧之經可

行於軍旅之事欲攻伐無罪之國有之也君得之則必用
之矣以廣辟土地著稅僞材出必見辱所攻者不利而攻
者亦不利是兩不利也若此者雖不扣必鳴者也且子曰
君子共己待問焉則言不問焉則止譬若鐘然扣則鳴不
扣則不鳴今未有扣子而言是子之謂不扣而鳴邪是子
之所謂非君子邪公孟子謂子墨子曰實爲善人孰不知
譬若良玉處而不出有餘精譬若美女處而不出人爭求
之行而自衒人莫知取也今子徧從人而說之何其勞也
子墨子曰今夫世亂求美女者衆美女雖不出人多求之
今求善者寡不强說人人莫之知也且有二生於此善星
一行爲人筮者與處而不出者其精孰多公孟子曰行爲

入筮者其精多子墨子曰仁義鈞行說人者其功善亦多
何故不行說人也公孟子義章甫搢忽儒服而以見子墨
子曰君子服然後行乎其行然後服乎子墨子曰行不在
服公孟子曰何以知其然也子墨子曰昔者齊桓公高冠
愽帶金劍木盾以治其國其國治昔者晉文公大布之衣
牂羊之裘韋以帶劍以治其國其國治昔者楚莊王鮮冠
組纓絳衣愽袍以治其國其國治昔者越王句踐剪髮文
身以治其國其國治此四君者其服不同其行猶一也翟
以是知行之不在服也公孟子曰善吾聞之曰宿善者不
祥請舍忽易章甫復見夫子可乎子墨子曰請因以相見
也若不將舍忽易章甫而後相見然則行果在服也公孟

子曰君子必古言服然後仁子墨子曰昔者商王紂卿士費仲爲天下之暴人箕子微子爲天下之聖人此同言而或仁不仁也周公旦爲天下之聖人關叔爲天下之暴人此同服或仁或不仁然則不在古服與古言矣且子法周而未法夏也子之古非古也公孟子謂子墨子曰昔者聖王之列也上聖立爲天子其次立爲卿大夫今孔子博於詩書察於禮樂詳於萬物若使孔子當聖王則豈不以孔子爲天子哉子墨子曰夫知者必尊天事鬼愛人用節合焉爲知矣今子曰孔子博於詩書察於禮樂詳於萬物而曰可以爲天子是數人之齒而以爲富公孟子曰貧富壽夭齰然在天不可損益又曰君子必學子墨子曰教人學

姊

而孰有命是猶命人葆而去亦冠也公孟子謂子墨子曰有義不義無祥不祥子墨子曰古者聖王皆以鬼神爲神明而爲禍福執有祥不祥是以政治而國安也自桀紂以下皆以鬼神爲不神明不能爲禍福執無祥不祥是以政亂而國危也故先王之書子亦有之曰亦傲也出於子不祥此言爲不善之有罰爲善之有賞子墨子謂公孟子曰喪禮君與父母妻後子死三年喪服伯父叔父兄弟期族人五月姑姊舅甥皆有數月之喪或以不喪之閒誦詩三百弦詩三百歌詩三百舞詩三百若用子之言則君子何日以聽治庶人何日以從事公孟子曰國亂則治之治則爲禮樂國治則從事國富則爲禮樂子墨子曰國之治治

之廢則國之治亦廢國之富也從事故富也從事廢則國
之富亦廢故雖治國勸之無饜然後可也今子曰國治則
爲禮樂亂則治之是譬猶噎而穿井也死而求醫也古者
三代暴王桀紂幽厲薾爲聲樂不顧其民是以身爲刑僇
國爲戾虛者皆從此道也公孟子曰無鬼神又曰君子必
學祭祀子墨子曰執無鬼而學祭禮是猶無客而學客禮
也是猶無魚而爲魚罟也公孟子謂子墨子曰子以三年
之喪爲非子之三日之喪亦非也子墨子曰子以三年之
喪非三日之喪是猶倮謂撅者不恭也公孟子謂子墨子
曰知有賢於人則可謂知乎子墨子曰愚之知有以賢於
人而愚豈可謂知矣哉公孟子曰三年之喪學吾之慕父

鼓

毋子墨子曰夫嬰兒子之知獨慕父毋而已父毋不可得也然號而不止此亦故何也即愚之至也然則儒者之知豈有以賢於嬰兒子哉子墨子曰問於儒者何故爲樂曰樂以爲樂也子墨子曰子未我應也今我問曰何故爲室曰冬避寒焉夏避暑焉室以爲男女之別也則子告我爲室之故矣今我問曰何故爲樂曰樂以樂也是猶曰何故爲室曰室以爲室也子墨子謂程子曰儒之道足以喪天下者四政焉儒以爲不明以鬼爲不神天鬼不說此足以喪天下又厚葬久喪重爲棺槨多爲衣衾送死若徙三年哭泣扶後起杖後行耳無聞目無見此足以喪天下又弦歌鼓舞習爲聲樂此足以喪天下又以命爲有貧富壽夭

治亂安危有極矣不可損益也爲上者行之必不聽治矣
爲下者行之必不從事矣此足以喪天下程子曰甚矣先
生之毀儒也子墨子曰儒固無此各四政者而我言之則
是毀也今儒固有此四政者而我言之則非毀也告聞也
程子無辭而出子墨子曰迷之反後坐進復曰鄉者先生
之言有可聞者焉若先生之言則是不譽禹不毀桀紂也
子墨子曰不然夫應孰辭稱議而爲之敏也厚攻則厚吾
薄攻則薄告應孰辭而稱議是猶荷轅而擊蛾也子墨子
與程子辯稱於孔子程子曰非儒何故稱於孔子也子墨
子曰是亦當而不可易者也今鳥聞熱旱之憂則高魚聞
熱旱之憂則下當此雖禹湯爲之謀必不能易矣鳥魚可

謂愚矣禹湯猶云因焉今翟曾無稱於孔子乎有游於子墨子之門者謂子墨子曰先生以鬼爲神明知能爲禍人哉有游於子墨子之門者身體强良思慮徇通欲使隨而學子墨子曰姑學乎吾將仕子勸於善言而學其年而責仕於子墨子子墨子曰不仕子子亦聞夫魯語乎有昆弟五人者亦父死亦長子嗜酒而不葬亦四弟曰子無我葬當爲子沽酒勸於善言而葬已葬而責酒於其四弟四弟曰吾末予子酒矣子葬子父我葬吾父豈獨吾父哉子不葬則人將笑子故勸子葬也今子爲義我亦爲義豈獨我義也哉子不學則人將笑子故勸子於學有游於子墨子之門者子墨子曰盍學乎對曰吾族人無學者子墨子曰不然

不

夫好美者豈曰吾族人莫之好故不好哉夫欲富貴者故
不欲哉好美欲富貴者不視人猶強爲之福爲善者富之
暴者禍之今吾事先生久矣而福不至意者先生之言有
不善乎鬼神不明我何故不得福也子墨子曰雖子不得
福吾言何遽不善而鬼神何遽不明子亦聞乎匿徒之刑
之有刑乎對曰未得之聞也子墨子曰今有人於此什子
子能什譽之而一自譽乎對曰不能有人於此百子子能
終身譽亦善而子無一乎對曰不能子墨子曰匿一人者
猶有罪今子所匿者若此亦多將有厚罪者也何福之求
子墨子有疾跌鼻進而問曰先生以鬼神爲明能爲禍福
善者賞之爲不善者罰之今先生聖人也何故有疾意者

先生之言有不善乎鬼神不明知乎子墨子曰雖使我有病何遽不明人之所得於病者多方有得之寒暑有得之勞苦百門而一門焉則盜何遽無從夫義天下之大器也何以視人必強爲之二三子有復於子墨子學射者子墨子曰不可夫知者必量亦力所能至而從事焉國士戰且扶人猶不可及也今子非國士也豈能成學又成射哉二三子復於子墨子曰告子曰言義而行甚惡請棄之子墨子曰不可稱我言以毀我行愈於亡有人於此翟甚不仁尊天事鬼愛人甚不仁猶愈於亡也今告子言談甚辯言仁義而不吾毀告毀子猶愈亡也二三子復於子墨子曰告子勝爲仁子墨子曰未必然也告子爲仁譬猶跂以爲

長隱以爲廣不可久也告子謂子墨子曰我治國爲政子墨子曰政者口言之身必行之今子口言之而身不行是子之身亂也子不能治子之身惡能治國政子姑亡子之身亂之矣

無終字

墨子卷八十二終

道藏本校　沛十一同十三卷

墨子卷之十三

魯問第四十九

魯君謂子墨子曰吾恐齊之攻我也可救乎子墨子曰可昔者三代之聖王禹湯文武百里之諸侯也說忠行義取天下三代之暴王桀紂幽厲讎怨行暴失天下吾願主君之上者尊天事鬼下者愛利百姓厚爲皮幣卑辭令亟徧禮四鄰諸侯歐國而以事齊患可救也非願無可爲者齊將伐魯子墨子謂項子牛曰伐魯齊之大過也昔者吳王東伐越棲諸會稽西伐楚葆昭王於隨北伐齊取國太子以歸於吳諸侯報其讎百姓苦其勞而弗爲用是以國爲虛戾身爲刑戮也昔者智伯伐范氏與中行氏兼三晉之

地諸侯報其讎百姓苦其勞而弗爲用是以國爲虛戾身
爲刑戮用是也故大國之攻小國也是交相賊也過必反
於國子墨子見齊大王曰今有刀於此試之人頭倅然斷
之可謂利乎大王曰利子墨子曰多試之人頭倅然斷之
可謂利乎大王曰利子墨子曰刀則利矣孰將受其不祥
大王曰刀受其利試者受其不祥子墨子曰并國覆軍賊
殺百姓孰將受其不祥大王俯仰而思之曰我受其不祥
魯陽文君將攻鄭子墨子聞而止之謂陽文君曰今使魯
四境之內大都攻其小都大家伐其小家殺其民人取其
牛馬狗豕布帛米粟貨財則何若魯陽文君曰魯四境之
內皆寡人之臣也今大都攻其小都大家伐其小家奪之

何

貨財則寡人必將厚罰之子墨子曰夫天之兼有天下也亦猶君之有四境之內也今舉兵將以攻鄭天誅亦不至乎魯陽文君曰先生止我攻鄭也我攻鄭順於天之志鄭人三世殺其父天加誅焉使三年不全我將助天誅也子墨子曰鄭人三世殺其父而天加誅焉使三年不全天誅足矣今又舉兵將以攻鄭曰吾攻鄭也順於天之志譬有人於此其子強梁不材故其父笞之其鄰家之父舉木而擊之曰吾擊之也順於其父之志則豈不悖哉子墨子謂魯陽文君曰攻其鄰國殺其民人取其牛馬粟米貨財則書之於竹帛鏤之於金石以為銘於鐘鼎傳遺後世子孫曰莫若多吾今賤人也亦攻其鄰家殺其人民取其狗豕

鮮之

食粮衣裘亦書之竹帛以爲銘於席豆以遺後世子孫曰奚若我多亦可乎魯陽文君曰然吾以子之言觀之則天下之所謂可者未必然也子墨子爲魯陽文君曰世俗之君子皆知小物而不知大物今有人於此竊一犬一彘則謂之不仁竊一國一都則以爲義譬猶小視白謂之白大視白則謂之黑是故世俗之君子知小物而不知大物者此若言之謂也魯陽文君語子墨子曰楚南有啖人之國者橋其國之長子生則鮮而食之謂之宜弟美則以遺其君君喜則賞其父豈不惡俗哉子墨子曰雖中國之俗亦猶是也殺其父而賞其子何以異食其子而賞其父者哉苟不用仁義何以非夷人食其子也魯君之嬖人死魯君

誄

爲之誄魯人因說而用之子墨子聞之曰誄者道死人之志也今因說而用之是猶以來首從服也魯陽文君謂子墨子曰有語我以忠臣者令之俯則俯令之仰則仰處則靜呼則應可謂忠臣乎子墨子曰令之俯則俯令之仰則仰是似景也處則靜呼則應是似響也君將何得於景與響哉若以翟之所謂忠臣者上有過則微之以諫己有善則訪之上而無敢以告外太祖廟諱上字其邪而入其善尚同而無下比以美善在上而怨讎在下安樂在上而憂慼在臣此翟之謂忠臣者也魯君謂子墨子曰我有二子一人者好學一人者好分人財孰以爲太子而可子墨子曰未可知也或所爲賞與爲是也釣者之恭非爲魚賜也餌鼠以蟲

非愛之也吾願主君之合其志功而觀焉魯人有因子墨子而學其子者其子戰而死其父讓子墨子子墨子曰子欲學子之子今學成矣戰而死而子慍是猶欲糶糶讎則慍也豈不費哉魯之南鄙人有吳慮者冬陶夏耕自比於舜子墨子聞而見之吳慮謂子墨子義耳義耳焉用言之哉子墨子曰子之所謂義者亦有力以勞人有財以分人乎吳慮曰有子墨子曰翟嘗計之矣翟慮耕天下而食之人矣盛然後當一農之耕分諸天下不能人得一升粟籍而以爲得一升粟其不能飽天下之飢者既可睹矣翟慮織而衣天下之人矣盛然後當一婦人之織分諸天下不能人得尺布籍而爲得尺布其不能煖天下之寒者既可

鼓

睹矣翟慮彼堅執銳救諸侯之患盛然後一夫之戰一夫
之戰其不御三軍既可睹矣翟以爲不若誦先王之道而
求其說通聖人之言而察其辭上說王公大人次匹夫徒
步之士王公大人用吾言國必治匹夫徒步之士用吾言
行必脩故翟以爲雖不耕而食飢不織而衣寒功賢於耕
而食之織而衣之者也故翟以爲雖不耕織乎而功賢於
耕織也吳慮謂子墨子曰義耳義耳焉用言之哉子墨子
曰籍設而天下不知耕教人耕與教人耕而獨耕者其功
孰多吳慮曰教人耕者其功多子墨子曰籍設而攻不義
之國鼓而使衆進戰與不鼓而使衆進戰而獨進戰者其
功孰多吳慮曰鼓而進衆者其功多子墨子曰天下匹夫

徒步之士少知義而教天下以義者功亦多何故弗言也若得鼓而進於義則吾義豈不益進哉子墨子游公尚過於越公尚過說越王越王大悅謂公尚過曰先生苟能使子墨子於越而教寡人請裂故吳之地方五百里以封子墨子公尚過許諾遂爲公尚過束車五十乘以迎子墨子於魯曰吾以夫子之道說越王越王大悅謂過曰苟能使子墨子至於越而教寡人請裂故吳之地方五百里以封子子墨子謂公尚過曰子觀越王之志何若意越王將聽吾言用我道則翟將往量腹而食度身而衣自比於羣臣不能以封爲哉抑越不聽吾言不用吾道而我往焉則是我以義糶也鈞之糶亦於中國耳何必於越哉子墨子游

魏越曰既得見四方之君子則將先語子墨子曰凡入國必擇務而從事焉國家昏亂則語之尚賢尚同國家貧則語之節用節葬國家憙音湛湎則語之非樂非命國家淫僻無禮則語之尊天事鬼國家務奪侵凌即語之兼愛非攻故曰擇務而從事焉子墨子曰出曹公子而於宋三年而反睹子墨子曰始吾游於子之門短褐之衣藋羹朝得之則夕弗得祭祀鬼神而以夫子之教家厚於始也有家厚謹祭祀鬼神然而人徒多死六畜不蕃身湛於病吾未知夫子之道之可用也子墨子曰不然夫鬼神之所欲於人者多欲人之處高爵祿則以讓賢也多財則以分貧也夫鬼神豈唯擢季拑肺之為欲哉今子處高爵祿而不以讓賢

怪

一不祥也多財而不以分貧二不祥也今子事鬼神唯祭
而已矣而曰病何自至哉是猶百門而閉一門焉曰盜何
從入若是而求福於有怪之鬼豈可哉魯祝以一豚祭而
求百福於鬼神子墨子聞之曰是不可今施人薄而望人
厚則人唯恐其有賜於已也今以一豚祭而求百福於鬼
神唯恐其以牛羊祀也古者聖王事鬼神祭而已矣今以
豚祭而求百福則其富不如其貧也彭輕生子曰往者可
知來者不可知子墨子曰籍設而親在百里之外則遇難
焉期以一日也及之則生不及則死今有固車良馬於此
又有奴馬四隅之輪於此使子擇焉子將何乘對曰乘良
馬固車可以速至子墨子曰焉在矣來孟山譽王子閭曰

昔白公之禍執王子閭斧鉞鉤要直兵當心謂之曰爲王則生不爲王則死王子閭曰何其侮我也殺我親而喜我以楚國我得天下而不義不爲也又況於楚國乎遂而不爲王子閭豈不仁哉子墨子曰難則難矣然而未仁也若以王爲無道則何故不受而治也若以白公爲不義何故不受王誅白公然而反王故曰難則難矣然而未仁也子墨子使勝綽事項子牛項子牛三侵魯地而勝綽三從子墨子聞之使高孫子請而退之曰我使綽也將以濟驕而正嬖也今綽也祿厚而譎夫子夫子三侵魯而綽三從是鼓鞭於馬靳也翟聞之言義而弗行是犯明也綽非弗之知也祿勝義也昔者楚人與越人舟戰於江楚人順流而

進迎流而退見利而進見不利則退其難越人迎流而進順流而退見利進見不利則其退速越人因此若執亟敗楚人公輸子曰自魯南游楚焉始爲舟戰之器作爲鈎強之備退者鈎之進者強之量其鈎強之長而制爲之兵楚之兵節越之兵不節楚人因此若執亟敗越人公輸子善其巧以語子墨子曰我舟戰有鈎強不知子之義亦有鈎強乎子墨子曰我義之鈎強賢於子舟戰之鈎強我鈎強我鈎之以愛揣之以恭弗鈎以愛則不親弗揣以恭則速狎而不親則速離故交相愛交相恭猶若相利也今子鈎而止人人亦鈎而止子子強而距人人亦強而距子交相鈎交相強猶若相害也故我義之鈎強賢子舟戰之鈎強

公輸子削竹木以爲鵲成而飛之三日不下公輸子自以爲至巧子墨子謂公輸子曰子之爲鵲也不如翟之爲車轄須臾劉三寸之木而任五十石之重故所爲巧利於人謂之巧不利於人謂之拙公輸子謂子墨子曰吾未得見之時我欲得宋自我得見之後予我宋而不義我不爲子墨子曰翟之未得見之時也子欲得宋自翟得見子之後予子宋而不義子弗爲是我予子宋也子務爲義翟又將與子天下

公輸第五十

公輸盤爲楚造雲梯之械成將以攻宋子墨子聞之起於齊行十日十夜而至於郢見公輸盤曰夫子何命焉爲子

侮 類 舉

墨子曰北方有侮臣願藉子殺之公輸盤不說子墨子曰請獻十金公輸盤曰吾義固不殺人子墨子起再拜曰請說之吾從北方聞子爲梯將以攻宋宋何罪之有荊國有餘於地而不足於民殺所不足而爭所有餘不可謂智宋無罪而攻之不可謂仁知而不爭不可謂忠爭而不得不可謂強義不殺少而殺衆不可謂知類公輸盤服子墨子曰然乎不已乎公輸盤曰不可吾既已言之王矣子墨子曰胡不見我於王公輸盤曰諾子墨子見王曰今有人於此舍其文軒鄰有短褐而欲竊之舍其粱肉鄰有糠糟而欲竊之此爲何若人王曰必爲竊疾矣子墨子曰荊之地方五千里此猶文軒之與敝轝也荊有雲夢犀兕麋鹿滿

之江漢之魚鼈黿鼉爲天下富宋所爲無雉兎狐貍者也此猶粱肉之與糠糟也荊有長松文梓楩柟豫章宋無長木此猶錦繡之與短褐也臣以三事之攻宋也爲與此同類王曰善哉雖然公輸盤爲我爲雲梯必取宋於是見公輸盤子墨子觧帶爲城以牒爲械公輸盤九設攻城之機變子墨子九距之公輸盤之攻械盡子墨子之守圉有餘公輸盤詘而曰吾知所以距子矣吾不言子墨子亦曰吾知子所以距我吾不言楚王問其故子墨子曰公輸子之意不過欲殺臣殺臣宋莫能守可攻也然臣之弟子禽滑釐等三百人已持臣守圉之器在宋城上而待楚寇矣雖殺臣不能絶也楚曰善哉吾請無攻宋矣子墨子歸過宋

庇

天雨庛其閭中守閭者不内也故曰治於神者衆人不知其功爭於明者衆人知之

無終字

墨子卷之十三終

道藏本校　沛十一

滑洞具

墨子卷之十四

備城門第五十二

禽滑釐問於子墨子曰由聖人之言鳳鳥之不出諸侯畔殷周之國甲兵方起於天下大攻小強執弱吾欲守小國爲之柰何子墨子曰何攻之守禽滑釐對曰今之世常所以攻者臨鉤衝梯堙水穴突空洞蟻傅轒轀軒車敢問守此十二者柰何子墨子曰我城池修守器具推粟足上下相親又得四隣諸侯之救此所以持也且守者雖善則若不可以守也若君用之守者又必能乎守者不能而君用之則猶若不可以守也然則守者必善而君尊用之然後可以守也故凡守城之法備城門爲縣沉機長二丈廣八

救

尺爲之兩相如問扁數令相接三寸施土扁上無過二寸
塹中深丈五廣比扇塹長以力爲度塹之末爲之縣可容
一人所容至諸門戶皆令鑿而幕孔孜之各爲二幕二一
鑿而繫繩長四尺救車火爲烟矢射火城門上鑿扇上爲
棧塗之持水麻升草盆救之門扇薄植皆鑿半尺一寸一
涿弋弋長二寸見一寸相去七寸厚塗之以備火城門上
所鑿以救門火者各一垂水火三石以上小大相雜門植
關必環錮以錮金若鐵鍱之門關再重鍱之以鐵必堅梳
關關二尺梳關一莧封以守印時令人行貌封及視關人
恒淺深門者皆無得挾斧斤鑿鋸椎城上二步一渠渠立
程丈三尺冠長十尺辟長六尺二步一荅廣九尺袤十二

蠡大

五

藉車

尺二步置連梃長斧長椎各一物槍二十枚周置二步中二步一木弩必射五十步以上及多為矢節毋以竹箭楛趙摻榆可蓋求齊鐵夫播以射衝及櫳樅二步積石石重中鈞以上者五百枚毋百以亢疾犁壁皆可善方二步積苙大一圍長丈二十枚五步一罌盛水有奚奚大蠡容一斗五步積狗屍五百枚狗屍長三尺喪以弟甕亦端埾約弋十步積摶大二圍以上長八尺者二十枚二十五步一竈有鐵鐕容石以上者一戒以為湯及持沙毋下千石三十步置坐候樓樓出於堞四尺廣三尺廣四尺板周三面密傳之夏蓋亦上九十步一藉車必為鐵纂五十步一井屏周垣之高八尺五十步一方方尚必為關籥守之五十

步積薪毋下三百石善蒙塗毋令外火能傷也百步一攏樅起地高五丈三層下廣前面八尺後十三尺亦上稱議衰殺之百步一木樓樓廣前面九尺高七尺樓輣居坫出城十二尺百步再再十甕以木爲繫連水器容四斗到六什者百百步一積雜秆大二圍以上者五十枚百步爲櫓櫓廣四尺高八尺爲衝術百步爲幽贖廣三尺高四尺者千二百步一立樓城中廣二丈五尺二長二丈出樞五尺城上廣三步到四步乃可以爲使鬬俾倪廣三尺高二尺五寸陛高二尺五廣長各三尺遠廣各六尺城上四隅童異高五尺四尉舍爲城上七尺一渠長丈五貍三尺去堞五寸夫長丈二尺臂長六尺半植一鑿內後長五寸夫兩

得

爨

鑿渠夫前端下堞四寸而適貍渠鑿坎覆以瓦冬日以馬夫寒皆待命若以瓦爲坎城上千步一表長丈棄水者操表搖之五五十步一廁與下同圂之廁者不得操城上三十步一藉車當隊者不用城上五十步一道陛高二尺五寸長十步城上五十步一樓𢩀𢩀勇勇必重土樓百步一外門發樓左右渠之爲樓加藉幕棧上出之以救外城上皆毋得有室若也可依匿者盡除去之城下州道內百步一積藉毋下三千石以上善塗之城上十人一什長屬一吏士一帛尉百步一亭高垣丈四尺厚四尺爲閨門兩扇令各可以自閉亭尉尉必取有序忠信可任事者二舍共一井爨灰康粃杯馬夫皆謹收藏之城上之備渠譫藉車

空格

行棧行樓到頡皐連挺長斧長椎長茲距飛衝縣批屈樓
五十步一堞下爲爵內三尺而一爲薪皐二圍長四尺半
必有潔瓦石重二升以上上城上渉五卜步一積竈置鐵
錯爲與渉同處木大二圍長丈二尺以上善耿卞本名曰
長從五十步三十木橋長三丈毋下五十後使辛急爲壘
壁以蓋瓦後之用瓦木罌容十升以上者五十步而十盛
水且用之九十二者十步而二城四面四隅皆爲高磨衝
使重室子居卞上候適視卞能狀與卞進左右所移處
失候斬適人爲內而來我函使穴師選本匝而穴之爲之
且內弩以應之民室杵木瓦石可以盖城之備者蓋上之
不從令者斬昔築七尺一居屬五步一壘五築有銻長斧

唯

柄長八尺十步一長鐮柄長八尺十步一鬭長椎柄長六尺頭長尺斧小兩端三步一凡守圍城之法厚以高壕也深以廣樓撕揗守備繕利薪食足以交三月以上人衆以選吏民和大臣有功勞於上者多主信以義萬民樂之無窮不然父母墳墓在焉不然山林草澤之饒足利不然地形之難攻而易守也不然則有深怨於適而有大功於上不然則賞明可信而罰嚴足畏也城下里中家人各葆亦左右前後如城上城小人衆葆離鄉老弱國中及也大城寇至度必攻主人先削城編作勿燒寇在城下時換吏卒署而毋換亦養養毋得上城寇在城下牧諸盆甕耕積之城下百步一積積五百城門內不得有室爲周官桓吏四

尺爲倪行棧內閈二關一堞除城場外去池百步牆垣樹木小大盡壞伐除去之寇所從來若昵道傒近若城場皆爲扈樓立竹箭天中守堂下爲大樓高臨城堂下周散道中應客客待見時召三老左葆宮中者與計事得爲之柰何子墨子曰問穴土之守邪備穴者城內爲高樓以謹此十四者具則民亦不宜上矣然後城可守十四者無一則雖善者不能守矣守法五十步丈夫十人丁女二十人老小十人計之五十步四百人城下樓本率一步一人二十步二十人城小大以此率之乃足以守圍宕馮而而蛾傳之主人則先之知主人利客適客攻以遂十萬物之衆攻無過四隊者上術廣五百步中術三百步下術五十步諸

不盡百五步者主人利而客病廣五百步之隊丈夫千人丁女子二千人老小千人凡千人而足以應之此守術之數也使老小不事者守於城上不當術者城持出必為明填令吏民皆智知之從一人百人以上持出不操填章從人非亦故人乃亦積章也千人之將以上止之勿令得行行及吏卒從之皆斬具以聞於上此守城之重禁之夫姦之所生也不可不審也候望適人適人為變築垣聚土非常者若彭有水濁非常者此穴土也急壍城內內亦土直之穿井城內五步一井傅城足高地丈五尺地得泉三尺而止令陶者為罌容四十斗以上固順之以薄鞈革置井中使聰耳者伏罌而聽之審知穴之所在鑿內迎之今陶

鼓 下同

者爲月明長二尺五寸六圍中判之合而施之內中偃一覆一柱之外善周塗亦傅柱者勿燒柱者勿燒柱善塗亦竇際勿令泄兩旁皆如此與內俱前下迫地置康若疾亦中勿滿疾康長五竇左右俱雜相如也穴內口爲竈令如窯令容七八員艾左右竇皆如此竈用四橐穴且遇以頡皐衝之疾鼓橐熏之必令明翟橐事者勿令離竈口連版以穴高下廣陝爲度令穴者與版俱前鑿亦版令容矛參分亦疏數令可以救竇穴則遇以攸當之以矛救竇勿令塞竇竇則塞亓版而郄過一竇而塞之鑿亦竇通亦煙煙通疾鼓橐以熏之徙穴內聽穴左右急絶亦前勿令得行若集客穴塞之以柴塗令無可燒板也然則內士之攻敗

矣斬艾與此長尺乃置窯竈中先壘窯壁迎穴爲連鑿井
傅城足三丈一視外之廣陜而爲鑿井愼勿失城卑內高
從內難鑿井城上爲三四井內新斬井中伏而聽之審之
知穴之所在穴而迎之穴且遇爲頡皐必以堅杖爲夫以
利斧施之命有力者三人用頡皐衝之灌以不潔十餘石
趣狀此井中置艾亦上七分盆蓋井口毋令煙上泄旁亦
橐口疾鼓之以車輪轀一束樵染麻索塗中以束之鐵鎖
縣正當寇內口鐵鎖長三丈端環一端鉤鼠穴高七尺五
寸廣柱間也尺二尺一柱柱下傅舄二柱共一負十一兩
柱同質橫員士柱大二圍半必固亦員士無柱與柱交者
穴二窯皆爲穴月屋爲置吏舍人各一人必置水塞穴門

尺伏

七

苴

以車兩走爲蒀塗亦上以穴高下廣陜爲度令人穴中四五尺維置之當内者客爭伏門轉而塞之爲窯客三員艾者令亦突人伏付突一旁以二橐守之勿離内予以鐵長四尺半大如鐵服說郎刃之二予内去竇尺邪鑿之上穴當心亦予長七尺穴中爲環利率穴二鑿井城上俟亦身井且通居版上而鑿亦一徧已而移版鑿一徧頡皐爲兩夫而旁貍亦植而敷鈞亦兩端諸作穴者五十人男女相半城上爲爵穴下堞三尺廣亦外五步一爵穴大容苣高者六尺下者三尺疏數自適爲之塞外塹去格七尺爲縣梁城筵陜不可塹者勿塹城上三十步一聾竈入壇苣長五節冠在城下聞鼓音燔苣復鼓内苣爵穴中照外諸積

舉

車皆鐵什藉車之柱長丈七尺小貍者四尺夫長三丈以上至三丈五尺馬頰長二尺八寸試藉車之力而爲之困失四分之三在上藉車夫長三尺四二三在上馬頰在三分中馬頰長二尺八寸夫長二十四尺以下不用治困以大車輪藉車桓長丈二尺半諸藉車皆鐵什復車者在之寇闉池來爲作水甬深四尺堅慕貍之十尺一覆以月而待令以木大圍長二尺四分而早鑿之置炭火亦中而合慕之而以藉車投之爲疾犁投長二尺五寸大二圍以上涿代代長七寸弋間六寸剡亦末徇走廣七寸長尺八寸蚤長四寸犬耳施之子墨子曰守城之法必數城中之木十人之所舉爲十挈五人之所舉爲五挈凡輕重以挈爲

弱者

土

口口

人數爲薪樵挈壯者有挈者弱有挈皆稱亦任凡挈輕重所爲吏人各得亦任城中無食則爲大殺去城門五步大壍之高地三丈下地至施賊亦中上爲發梁而機巧之比傳薪土使可道行旁有溝壘毋可踰越而出能且比適人遂人引機發梁適人可禽適人恐懼而有疑心因而離

備高臨第五十三

禽子再拜再拜曰敢問適人積土爲高以臨吾城薪土俱上以爲羊黔蒙櫓俱前遂屬之城兵弩俱上爲之柰何子墨子曰子問羊黔者將之拙者也足以勞本不足以害城守爲臺城以臨羊黔左右出巨各二十尺行城三十尺强弩之技機藉之奇器之然則羊黔之攻敗矣備矣臨以連

呂高

弩之車杖大方一方一尺長稱城之薄厚兩軸三輪輪居
筐中重下上筐左右旁二植左右有衡植衡植左右皆圜
內內徑四寸左右縛弩皆於植以弦鉤弦至於大弦弩臂
前後與筐齊筐高八尺弩軸去下筐三尺五寸連弩機郭
同銅一石三十斤引弦鹿長奴筐大三圍半左右有鉤距
方三寸輪厚尺二寸鉤距臂博尺四寸厚七寸長六尺橫
臂齊筐外蚤尺五寸有距傅六寸厚三寸長如筐有儀有
詘勝可上下為武重一石以材大圍五寸矢長十尺以繩
矢端如如戈射以磨鹿卷收矢高弩臂三尺用弩無數出
人六十枚用小矢無留十人主此車遂具寇為高樓以射
道城上以答羅矢

烟　邪

備梯第五十六

禽滑釐子事子墨子三年手足胼胝面目黧黑役身給使不敢問欲子墨子其哀之及管酒槐脯寄于大山昧菜坐之以樵禽子禽子再拜而嘆子墨子曰亦何欲乎禽子再拜再拜曰敢問守道子墨子曰姑亡姑亡古亦有術者內不親民外不約治以少閒衆以弱輕強身死國亡爲天下笑子亦愼之恐爲身薑禽子再拜頓首願遂問守道曰敢問客衆而勇煙資吾池軍卒並進雲梯既施攻備已具武士又多爭上吾城爲之柰何子墨子曰問雲梯之守邪雲梯者重器也亦動移甚難守爲行城雜樓相見以環亦中以適廣陜爲度環中藉幕毋廣亦處行城之法高城二十尺

披 攻 亦

上加堞廣十尺左右出巨各二十尺高廣如行城之法爲爵穴煇鼠施荅亦外機衝錢城廣與隊等雜亦閒以鐫劍持衝十人執劍五人皆以有力者令案目者視適以鼓發之夾而射之重而射披機藉之城上繁下矢石沙炭以雨之薪火水湯以濟之審賞行罰以靜爲故從之以急毋使生慮若此則雲梯之攻敗矣守爲行堞堞高六尺而一等施劍小面以機發之衝至則去之不至則施之爵穴三尺而一蒺藜投必遂而立以車推引之裾城外去城十尺裾厚十尺伐裾小大盡本斷之以十尺爲傳雜而深埋之堅築毋使可拔二十步一殺殺有一鬲鬲厚十尺殺有兩門門廣五尺裾門一施淺埋勿築令易拔城希裾門而直

鼓

桀縣火四尺一鉤樴五步一竈門有鑪炭令適人盡入煇火燒門縣火次之出載而立亦廣終隊兩載之間載之門一火皆立而持鼓而燃火即具發之適人除火而復攻縣火復下適人甚病故引兵而去則令吾死左右出穴門擊遺師令貢士主將皆聽城鼓之音而出又聽城鼓之音而入因素出兵施休夜半城上四面鼓噪適人必或有此必破軍殺將以白衣為服以號相得若也則雲梯之攻敗矣

備水第五十八

城內塹外周道廣八步備水謹度四旁高下城地中偏下令耳亦內及下地地深穿之令漏泉置則瓦井中視外水深丈以上鑿城內水耳並船以為十臨臨三十人人擅弩

轒轀

計四有方必善以船爲轒轀二十舡爲一隊選材士有方者三十人共舡亦二十人人擅有方劍甲鞮瞀十人擅苗先養材士爲異舍食亦父母妻子以爲質視水可决以臨轒轀决外隄城上爲射機疾佐之

備突第六十一

城百步一突門突門各爲窰竈竇入門四五尺爲亦門上瓦屋毋令水潦能入門中吏主塞突門用車兩輪以木束之塗亦上維置突門內使度門廣狹令之入門中四五尺置窰竈門旁爲橐充竈狀柴艾寇即入下輪而塞之鼓橐而熏之

備穴第六十二

城壞

七

鑿 下同

禽子再拜再拜曰敢問古人有善攻者穴土而入縛柱施火以壞吾城城壞或中人大鋌前長尺蚤長五寸兩鋌交之置如平不如平不利兌亦兩末穴隊若衝隊必審如攻隊之廣陜而令雅穿亦穴令亦廣必夷客隊疏束樹木令足以爲柴摶毋前面樹長丈七尺一以爲外面以柴摶從橫施之外面以强塗毋令土漏令亦廣厚能任三丈五尺之城以上以柴木土稍杜之以急爲故前面之長短豫蚤、夋之令能任塗足以爲堞善塗亦外令毋可燒拔也大城丈五爲閨門廣四尺爲郭門郭門在外爲衡以兩木當門鑿、亦木維敷上堞爲斬縣梁聆穿斷城以板橋邪穿外以板次之倚殺如城報城內有傳壞因以內壞爲外鑿亦聞渫

裛　椎　傑

丈五尺室以樵可燒之以待適令耳屬城爲再重樓下鑿
城外堞內深丈五廣丈二樓若令耳皆令有力者主敵善
射者主發佐皆廣矢治裾諸延堞高六尺部廣四尺皆爲
兵弩簡格轉射機機長六尺貍一尺兩材合而爲之輼輼
長二尺中鑿夫之爲道臂臂長至桓二十步一令善射之
者佐一人皆勿離城上百步一樓樓四植植皆爲通舄下
高丈上九尺廣長各丈六尺皆爲寧三十步一突九尺廣
十尺高八尺鑿廣三尺表二尺爲寧城上爲攢火夫長以
城高下爲度置火亦末城上九尺一弩一戟一權一斧一
艾皆積參石蒺藜渠長丈六尺夫長丈臂長六尺亦貍者
三尺樹渠毋堞堞三尺藉莫長八尺廣七尺亦木也廣五

藉　埴

尺中藉苴爲之橋索亦端適攻一令人下上之勿離城上
二十步一藉車當隊者不用此數城上三十步一聾竈傳
火者必以布麻什革盆十步一柄長八尺什大容二什以
上到三十敝裕新布長六尺中拙柄長丈十步一必以大
繩爲箭城上十步一鈂水甁容三石以上小大相雜盆蠡
各二財爲卒乾飯人二斗以備陰雨面使積燥處令使守
爲城内堞外行餐置器備殺沙礫鐵皆爲坏斗令陶者爲
薄甁大容一斗以上至二斗即取用三祕合束堅爲斗城
上隔棧高二剡亦一未爲閨門閨門兩扇令可以各自閉
也救闉池者以火與爭鼓橐馮埴外内以柴爲燔靈丁三
丈一火耳施之十步一人居柴内弩弩半爲狗犀者環之

鼓
北即

墻七步而一寇至吾城急非常也謹備穴穴疑有應寇急
穴穴未得慎毋追凡殺以穴攻者二十步一置穴穴高十
尺鑿十尺鑿如前步下三尺十步擁穴左右横行高廣各
十尺殺俚兩罌深平城置板亦上⿰貝冊板以井聽五步一窰
用梯若松爲穴戶戶穴有兩蒺藜皆長極亦戶戶爲環壘
石外埻高七尺加堞亦上勿爲陛與石以縣陛上下出入
具鑪槖槖以牛皮鑪有兩甀以橋皷之百十每亦熏四十
什然炭杜之滿鑪而蓋之毋令氣出適人疾近五百穴穴
高若下不至吾穴即以伯鑿而求通之穴中與適人遇則
皆圉而毋逐且戰址以須鑪火之然也即去而入壅穴殺
有⿰亻鼠⿰亻竄爲之戶及關籥獨順得往來行亦中穴壘之中各

六
城
林
矛短
廣
鑿

一狗狗吠即有人也五十人攻内爲傳士之口受參約枲
繩以牛亦下可提而與投已則穴七人守退壘之中爲大
廡一藏穴具亦中難穴取城外池脣木月散之什斬亦穴
深到界難近穴爲鐵鈇金與扶林長四尺財自足客即穴
亦穴而應之爲鐵鉤鉅長四尺者財自足穴微以鉤客穴
者爲矩戟短弩虻矢自足穴徹以鬬以金劍爲難長五尺
爲鋻木杘杘有慮枚以左客穴戒持罌客三十斤以上貍
穴中丈一以聽穴者聲爲穴高八尺竇善爲傅置具全牛
交槀皮及抾衞穴二蓋陳靃及艾穴徹熏之以斧金爲斫
杘長三尺衞穴四爲壘衞穴四十屬四爲斤斧鋸鑿钁財
自足爲鐵校衞穴四爲中櫓高十丈半廣四尺爲横穴八

即 第

櫓蓋具槀枲財自足以燭穴中蓋持醯客即熏以救目救
目分方鑿穴以益盛醯置穴中文盆毋少四斗即熏以自
臨醯上及以洒目

備蛾傅第六十三

禽子再拜再拜曰敢問敵人強弱遂以傅城後上先斷以
爲法程斬城爲基掘下爲室前上不止後射既疾爲之柰
何子墨子曰子問蛾傅之守邪蛾傅者將之忿者也守爲
行臨射之校機藉之擢之太氾迫之燒荅覆之沙石雨之
然則蛾傅之攻敗矣備蛾傅爲縣脾以木板厚二寸前後
三尺旁廣五尺高五尺而折爲下磨車轉徑尺六寸令一
人操二丈四方刃其兩端居縣脾中以鐵璅敷縣二脾上

涂　上　口口

衝為之機令有力四人下上之勿離施縣脾大數二十步
一攻隊所在六步一為纍答廣從丈各二尺以木為上衡
以麻索大徧之染其索塗中為鐵鏁鉤其兩端之縣客則
蛾傅城燒答以覆之連筳抄大皆救之以車兩走軸間廣
大以圉犯之觸其兩端以束輪徧徧塗其上室中以榆若
蒸以棘為旁命曰火捽一曰傳湯以當隊客則乘隊燒傳
湯斬維而下之令勇士隨而擊之以為勇士前行城上輒
塞壞城城下足為下說鑱杙長五尺大圉半以上皆剡其
末為五行行閒廣三尺貍三尺大耳樹之為連殳長五尺
大十尺梃長二尺大六寸索長二尺椎柄長六尺首長尺
五寸斧柄長六尺刃必利皆葬其一後答廣丈二尺丈六

薄鈎植

貍 下同

尺垂前衡四寸兩端接尺相覆勿令魚鱗三著其後行中央木繩一長二丈六尺答樓不會者以牒塞數暴乾答爲挌令風上下堞惡疑壞者先貍木十尺一枚一節壞斲植以押慮盧薄於木盧薄表八尺廣七寸經尺一數施一擊而下之爲上下釫而斲之經一鈞禾樓羅石縣答植内毋植外杜格貍四尺高者十尺木長短相雜兗其上而外内厚塗之爲前行行棧縣答隅爲樓樓必曲裏土五步一毋其二十畾爵穴十尺一下壞三尺廣其外轉腨城上樓及散與池革盆若轉攻卒擊其後煖失治車革火凡殺蛾傅而攻者之法置薄城外去城十尺薄厚十尺伐操之法大小盡木斷之以十尺爲斷離而深貍堅築之毋使可拔二

車
鼓
無終字

十步一殺有壙厚十尺殺有兩門廣五步薄門板梯貍之築令易拔城上希薄門而置搗縣大四尺一椅五步一竈竈門有鑪炭傳令敵人盡入火燒門縣火次之載而立其廣終隊兩載之間一火皆立而待鼓音而燃即俱發之敵人辟火而復攻縣火復下敵人甚病敵引哭而榆則令吾死士左右出穴門擊遺師令貴士主將皆聽城鼓之音而出又聽城鼓之音而入因素出兵將施伏夜半而城上四面鼓噪敵之必或破軍殺將以衣爲服以號相得

墨子卷之十四終

道藏本校　沛十二

墨子卷之十五

迎敵祠第六十八

敵以東方來迎之東壇壇高八尺堂密八年八十者八人主祭青旗青神長八尺者八弩八八發而止將服必青其牲以雞敵以南方來迎之南壇壇高七尺堂密七年七十者七人主祭赤旗赤神長七尺者七弩七七發而止將服必赤其牲以狗敵以西方來迎之西壇壇高九尺堂密九年九十者九人主祭白旗素神長九尺者九弩九九發而止將服必白其牲以羊敵以北方來迎之北壇壇高六尺堂密六年六十者六人主祭黑旗黑神長六尺者六弩六六發而止將服必黑其牲以彘從外宅諸名大祠靈巫或

夫　即馬　上　職

禱馬給禱牲凡望氣有大將氣有小將氣有往氣有來氣有敗氣能得明此者可知成敗吉凶舉巫醫卜有所長具藥宮之善爲舍巫必近公社必敬神之巫卜以請守守獨智巫卜望之氣請而已其出入爲流言驚駭恐吏民謹微察之斷罪不赦望氣舍近守官牧賢大大及有方技者若工弟之舉屠酤者置廚給事弟之凡守城之法縣師受事出葆循溝防築薦通塗脩城百官共財百工郎事司具視城脩卒伍設守門三人掌右閹二人掌左閹四人掌閉百甲坐之城止步一甲一戟其贊三人五步有五長十步有什長百步有百長旁有大率中有大將皆有司吏卒長城上當階有司守之移中中處澤急而奏之士皆有織城之

馬鼓　寡　置

外矢之所還壞其墻無以爲客菌三十里之内薪蒸水皆入内狗彘豚鷄食其宍斂其骸以爲醢腹病者以起城之内薪蒸廬室矢之所還皆爲之涂菌令命昏縮狗繁馬擊縮靜夜聞鼓聲而譟所以閹客之氣也所以固民之意也故時譟則民不疾矣祝史乃告於望山川社稷先於戎乃退公素服誓于太廟曰其人爲不道不脩義詳唯乃是王曰予必懷亡爾社稷滅爾百姓二參子尚夜自厦以勤寡人和心比力兼左右各死而守既誓公乃退食舍於中太廟之右祝史舍于社百官具御乃斗鼓于門右置旂左宣旌于隅練名射參發告勝五兵咸備乃下出挨升望我郊乃命鼓俄升役司馬射自門右蓬矢射之茅參發弓弩

不石逢

繼之校自門左先以揮木石繼之祝史宗人告社覆之以甑

旗幟第六十九

守城之法木爲蒼旗火爲赤旗薪樵爲黃旗石爲白旗水爲黑旗食爲菌旗死士爲倉英之旗竟士爲雩旗多卒爲雙兔之旗五尺男子爲童旗女子爲梯末之旗弩爲狗旗戟爲莅旗劍盾爲羽旗車爲龍旗騎爲鳥旗凡所求索旗名不在書者皆以其形名爲旗城上舉旗備具之官致財物之足而下旗凡守城之法后有積樵薪有積菅茅有積雚葦有積木有積炭有積沙有積松柏有積蓬艾有積麻脂有積金鐵有積粟米有積井竈有處重質有居五兵各

鼓舉

胷鼓

有旗節各有辨法令各有貞輕重分數各有請主慎道路者有經亭尉各爲幟竿長二丈五帛長丈五廣半幅者大寇傳攻前池外廉城上當隊鼓三舉一幟到水中周鼓四舉二幟到藩鼓五舉三幟到馮垣鼓六舉四幟到女垣鼓七舉五幟到六城鼓八舉六幟乘六城半以上鼓無休夜以火如此數寇郤解輒部幟如進數而無鼓城爲隆長五十尺四面四門將長四十尺其次三十尺其次二十五尺其次二十尺其次十五尺高無下四十五尺城上吏卒置之背卒於頭上城下吏卒置之肩在他於左肩中軍置之胷各一鼓中軍一三每鼓三十擊之諸有鼓之吏謹以次應之當應鼓而不應不當應而應鼓主者斬道廣三十步

於城下夾階者各二其井置鐵罋於道之外爲屏三十步而爲之圜高丈爲民圂垣高十二尺以上巷術周道者必爲之門門二人守之非有信符勿行不從令者斬城中吏卒民男女皆衒異衣章微令男女可知諸守牲格者三出却適守以令召賜食前予大旗署百戶邑若他人財物建旗其署令皆明白知之曰某子旗牲格內廣二十五步外廣十步表以地形爲度靳卒中教解前後左右卒勞者更休之

號令第七十

安國之道道任地始地得其任則功成地不得其任則勞而無功人亦爲此備不先具者無以安主吏卒民多心不

功

一者皆在其將長諸行賞罰及有治者必出於公王數使
人行勞賜守邊城關塞備蠻夷之勞苦者舉其守率之財
用有餘不足地形之當守邊者其器備常多者邊縣邑視
其樹木惡則少用田不辟少食無大屋草蓋少用桼多財
民好食爲内牒内行棧置器備其上城上吏卒養皆爲舍
道内各當其隔部養什二人爲符者曰養吏一人辯護諸
門門者及有守禁者皆無令無事者得稽留心其旁不從
令者戮敵人但至千丈之城必郭迎之主人利不盡千丈
者勿迎也視敵之居曲衆少而應之此守城之大體也其
不在此中者皆心術與人事參之凡守城者以亟傷敵爲
上其延日持久以待救之至明於守者也不能此乃能守

城守城之法敵去邑百里以上城將如今盡召五官及百
長以富人重室之親舍之官符謹令信人守衛之謹密爲
故乃傳城守城將營無下三百人四面四門之將必選擇
之有功勞之臣及死事之後重者從卒各百人門將并守
他門他之上必夾爲高樓使善射者居焉女郭馮垣一人
一人守之使重字子五十步一擊因城中里爲八部部一
吏吏各從四人以行衝術及里中里中父老小不舉守之
事及會計者分里以爲四部部一長以苛往來不以時行
行而有他異者以得其姦吏從卒四人以上有分者大將
必與爲信符大將使人行守操信符信不合及號不相應
者伯長以上輙止之以聞大將當止不止及從吏卒縱之

皆斬諸有罪自死罪上皆還父母妻子同產諸男女有守
於城上者什六弩四兵丁女子老少人一矛卒有驚事中
軍疾擊鼓者三城上道路里中巷街皆無得行行者斬女
子到大軍令行者男子行左女子行右無並行皆就其守
不從令者斬離守者三日而一徇而所以備姦也里正與
皆守宿里門吏行其部至里門正與開門內吏與行父老
之守及窮巷間無人之處姦民之所謀為外心罪車裂正
與父老及吏主部者不得皆斬之除又賞之黃金人二鎰
大將使使人行守長夜五循行短夜三循行四面之吏亦
皆自行其守如大將之行不從令者斬諸竈火為井火突
高出屋四尺慎無敢失火失火者斬其端失火以為事者

伍

伍

車裂伍人不得斬得之除救火者無敢讙譁及離守絶巷救火者斬其缶及父老有守此巷中部吏皆得救之吏部亟令人謁之大將大將使信人將左右救之部吏失不言者斬諸女子有死罪及坐失火皆無有所失逮其以火爲亂事者如法圍城之重禁敵人卒而至嚴令吏民無敢讙囂三最並行相視坐泣流涕若視舉手相探相指相呼相麾相踵相投相擊相靡以身及衣訟駮言語及非令也而視敵動移者斬伍人不得斬得之除五人踰城歸敵伍人不得斬與伯歸敵隊吏斬與吏歸敵隊將斬歸敵者父母妻子同產皆車裂先覺之除當術需敵離地斬伍人不得斬得之除其疾鬬卻敵於術敵下終不能復上疾鬬者隊

五　伍　待

二人賜上奉而勝圍城周里以上封城將三十里地爲關內侯輔將如令賜上卿丞及吏比於丞者賜爵五大夫官吏豪傑與計堅守者十人及城上吏比五官者皆賜公乘男子有守者爵人二級女子賜錢五千男女老小先分守者人賜錢千復之三歲無有所與不租稅此所以勸吏民堅守勝圍也吏卒侍大門中者曹無過二人勇敢爲前行伍坐令各知其左右前後擅離署戮門尉晝三閱之莫鼓擊門閉一閱守時令人參之上逋者名鋪食皆於署不得外食守必謹微察視謁者執盾中涓及婦人侍前者志意顏色使令言語之請及上飲食必令人嘗皆非請也擊而請故守有所不悅謁者執盾中涓及婦人侍前者守曰斷

好　鼓

之衛之皆縛之不如令及後縛者皆斷必時素誡之諸門
下朝夕立若坐各令以年少長相次旦夕就位先佑有功
有能其餘皆以次立五日官各上喜戲居處不莊好侵侮
人者一諸人士外使者來必合有以執將出而還若行縣
必使信人先戒舍室乃出迎門守乃入舍爲人下者常司
上之隨而行松上不隨下必須　隨客卒守主人及以
爲守衛主人亦守客卒城中戍卒其邑或以下寇謹備之
數錄其署同邑者勿令共所守與階門吏爲符符合人勞
符不合收守言若上城者衣服他不如令者宿鼓在守大
門中莫令騎若使者操節閉城者皆以執毚昏鼓鼓十諸
門亭皆閉之行者斷必擊問行故乃行其罪晨見掌文鼓

縱行者諸城門吏各人請籥開門已輒復上籥有符節不用此令寇至樓鼓五有周鼓雜小鼓乃應之小鼓五後從軍斷命必足畏賞必足利令必行令出輒人隨省其可行不行號夕有號失號斷爲守備程而署之曰其程置署街街衢階若門令往來者皆視而放諸吏卒民有謀殺傷其將長者與謀反同罪有能捕告賜黃金二十斤謹罪非其分職而擅之取若非其所當治而擅治爲之斷諸吏卒民非其部界而擅入他部界輒收以屬都司空若候候以聞守不收而擅縱之斷能捕得謀反賣城踰城敵者一人以令爲除死罪二人城旦四人反城事父母去者去者之父母妻子悉舉民室材木瓦若藺石數署長短小大當舉不

者
留士

舉吏有罪諸卒民居城上者各葆其左右左右有罪而不
智也其次伍有罪若能身捕罪人若告之吏皆構之若非
伍而先知他伍之罪皆倍其構賞城外令任城內守任令
丞尉亡得入當滿十人以上令丞尉奪爵各二級百人以
上令丞尉免以卒戍諸取當者必取寇虜乃聽之募民欲
財物粟米以貿易凡器者卒以賈予邑人知識昆弟有罪
雖不在縣中而欲為贖若以粟米錢金布帛他財物免出
者令許之傳言者十步一人稽留言及乏傳者斷諸可以
便事者函以疏傳言守吏卒民欲言事者函為傳言請之
吏稽留不言諸者斷縣各上其縣中豪傑若謀士居大夫
重厚口數多少官府城下吏卒民皆前後左右相傳保火

彊

善

火發自燔燔曼延燔人斷諸以衆彊凌弱少及彊姦人婦女以讙譁者皆斷諸城門若亭謹候視往來行者符符傳疑若無符皆詣縣廷言請問其所使其有符傳者善舍官府其有知識兄弟欲見之爲召勿令里巷中三老守閭令厲繕夫爲荅若他以事者微者不得入里中三老不得入家人傳令里中有以羽羽在三所差家人各令其官中失令若稽留令者斷家有守者治食吏卒民無符節而擅入里巷官府吏三老守閭者失苛心皆斷諸盜守器械財物及相盜者直一錢以上皆斷吏卒民各自大書於傑著之其署同守案其署擅入者斷城上日壹發席蓐令相錯發有匿不言人所挾藏在禁中者斷吏卒民死者輒召其人

詐使者守職

與次司空葬之勿令得坐泣傷甚者令歸治病家善養予
醫給藥賜酒日二升肉二斤令吏數行閭視病有瘳輒造
事上詐為自賊傷以辟事者族之事已守使吏身行死傷
家臨戶而悲哀之寇去事已塞禱守以令益邑中豪傑力
鬬諸有功者必身行死傷者家以弔哀之身見死事之後
城圍罷主亟發使者往勞舉有功及死傷者數使爵祿守
身尊寵明白貴之令其怨結於敵城上卒若吏各保其左
右若欲以城為外謀者父母妻子同產皆斷左右知不捕
告皆與同罪城下里中家人皆相葆若城上之數有能捕
告之者封之以千家之邑若非其左右及他伍捕告者封
之二千家之邑城禁使卒民不欲寇微職和旌者斷不從

令者斷非擅出令者斷失令者斷倚戟縣不城上下不與
衆等者斷無應而妄讙呼者斷總失者斷譽客內毀者斷
離署而聚語者斷聞城鼓聲而伍後上署者斷人自大書
版著之其署鄣守必自謀其先後非其署而妄入之者斷
離署左右共入他署左右不捕挾私書行請謁及爲行書
者釋守事而治私家事卒民相盜家室嬰兒皆斷無赦人
舉而籍之無符節而橫行軍中者斷客在城下因數易其
署而無易其養譽敵少以爲衆亂以爲治敵攻拙以爲巧
者斷客主人無得相與言及相藉客射以書無得譽外示
內以善無得應不從令者皆斷禁無得舉矢書若以書射
寇犯令者父母妻子皆斷身梟城上有能捕告之者賞之

黄金二十斤非時而行者惟守及摻太守之節而使者守人臨城必謹問父老吏大夫請有怨仇讎不相解者召其人明白爲之解之守必自與其入而藉之孤之有以私怨害城若吏事者父母妻子皆斷其以城爲外謀者三族有能得若捕告者以其所守邑小大封之守還授其印尊寵官之令吏大夫及卒民皆明知之豪傑之外多交諸侯者常請之令上通知之善屬之所居之吏上數選具之令無得擅出入連質之術鄉長者父老豪傑之親戚父母妻子必尊寵之若貧人食不能自給食者上食之及勇士父母親戚妻子皆時酒肉必敬之舍之必近太守守樓臨質宮而善周必密塗樓令下無見上上見下下無知上有人無

莞成太石

人守之所親舉吏貞廉忠信無害可任事者其飲食酒肉勿禁錢金布帛財物各自守之愼勿相盜葆宮之牆必三重牆之垣守者皆纍瓦釜牆上門有吏主者門里筦閉必須太守之節葆衛必取戍卒有重厚者請擇吏之忠信者無害可任事者令將衛自築十尺之垣周還牆門閨者非令衛司馬門望氣者舍必近太守巫舍必近公社必敬神之巫祝史與望氣者必以善言告民以請報守上守獨知其請而已無與望氣妄爲不善言驚恐民斷勿赦度食不足食民各自占家五種石升數爲期其任尊害吏與雜訾期盡匿不占占悉令吏卒欵得皆斷有能捕告賜什三牧粟米布錢金出內畜產皆爲平直其賈與主人券書之事

士

與

有

異下同

已皆各以其賈倍償之又用其賈貴賤多少賜爵欲爲吏者許之其不欲爲吏而欲以受賜賞爵祿若贖士親戚所知罪人者以令許之其受構賞者令葆宮見以與其親欲以復佐上者皆倍其爵賞某縣某里某子家食口二人積粟六百石某里某子家食口十人積粟百石出粟米有期日過期不出者王公有之有能得若告之賞之什三慎無令民知吾粟米多少守入城先以候爲始得輒宮養之勿令知吾守衛之備候者爲異宮父毋妻子皆同其宮賜衣食酒肉信吏善待之候來若復就閒守宮三雜外環隅爲之樓内環爲樓樓入葆宮丈五尺爲復道葆不得有室三日一發席蓐略視之布茅宮中厚三尺以上發候必使鄉

候　構

邑忠信善重士有親戚妻子厚奉資之必重發侯爲養其親若妻子爲異舍無與員同所給食之酒肉遣他候奉資之如前候反相參審信厚賜之候三發三信重賜之不欲受賜而欲爲吏者許之二百石之吏守珮授之印其不欲爲吏而欲受構賞祿皆如前有能入深至主國者問之審信賞之倍他候其不欲受賞而欲爲利者許之三石之候扞士受賞賜者守必身自致之其親之其親之所見其見守之任其欲復以佐上者其構賞爵祿罪人倍之士候無過十里居高便所樹表表三人守之比至城者三表與城上烽燧相望晝則舉烽夜則舉火聞寇所從來審知寇形必攻論小城不自守通者盡葆其老弱粟米畜產遣卒候

所

者無過五十人客至堞去之愼無厭建候者曹無過三百
人日暮出之爲微職空隊要塞之人所往來者令可迹
者無下里三人平而迹各立其表城上應之候出越陳表
遮坐郭門之外内立其表令卒之少居門内令其少多無
知可也節有驚見寇越陳表城上以麾指之迹坐擊缶期
以戰備從麾所指望舉一垂入竟舉二垂狎郭舉三垂入
舉四垂狎城舉五垂夜以火皆如此去郭百步牆垣樹木
小大盡伐除之外空井盡窒之無可得汲也外空窒盡發
之木盡伐之諸可以攻城者盡内城中令其人各有以記
之事以各其記取之事爲之券書其枚數當遂枚本不能
盡内既燒之無令客得而用之人自大書版著之其署忠

有司出其所治則從淫之法其罪射務色謾正淫囂不靜
當路尼衆舍事後就踰時不寧其罪射讙囂駴衆其罪殺
非上不諫次主凶言其罪殺無敢有樂器獘騏軍中有則
其罪射非有司之令無敢有車馳人趨有則其罪射無敢
散牛馬軍中有則其罪射飲食不時其罪射無敢歌哭於
軍中有則其罪射令各執罰盡殺有司見有罪而不誅同
罰若或逃之亦殺凡將率鬭其衆失法殺凡有司不使去
卒吏民聞誓令代之服罪凡戮人於市死上目行謁者侍
令門外為二曹夾門坐鋪食更無空門下謁者一長守數
令人中視其亡者以督門尉與其官長及亡者入中報四
人夾令門內坐二人夾散門外坐客見持兵立前鋪食更

雜
與

上侍者名守室下高樓候者望見乘車若騎卒道外來者
及城中非常者輒言之守守以順城上候城門及邑吏來
告其事者以驗之樓下人受候者言以報守中涓二人夾
散門內坐門常閉鋪食更中涓一長者環守宮之術衢置
屯道各垣其兩傍高丈為埤倪立初雞足置夾挾視葆食
而札書得必謹案視參食者節不法正請之屯陳垣外術
衢街皆樓高臨里中樓一鼓聾竈即有物故鼓吏至而正
夜以火指鼓所城下五十步一廁廁與上同圂請有罪過
而可無斷者令杼廁利之

雜守第七十一

禽子問曰客衆而勇輕意見威以駭主人薪土俱上以為

羊坽積土爲高以臨民蒙櫓俱前遂屬之城兵弩俱上爲之柰何子墨子曰子問羊坽守耶羊坽者攻之拙者也足以勞卒不足以害城羊坽之政遠攻則遠害近城則近害不至城矢石無休左右趣射蘭爲柱後望以固厲吾鋭卒愼無使顧守者重下攻者輕云養勇高奮民心百倍多執數少乃不殆作士不休不能禁禦遂屬之城以禦雲梯之法應之凡待煙衝雲梯臨之法必廣城以禦之曰不足則以木椁之左百步右百步繁下矢石沙炭以雨之薪火水湯以濟之選厲鋭卒愼無使顧賞審行罰以靜爲故從之以急無使主慮恚癔高憤民心百倍多執數賞卒不乃怠衝臨梯皆以衝衝之渠長丈五尺其理者三尺矢長丈二

職下同

疆

尺渠廣丈六尺其弟丈二尺渠之垂者四尺樹渠無傳葉五寸梯渠十丈一梯渠答大數里二百五十八渠答百二十九諸外道可要塞以難寇其甚害者爲築三亭亭三隅織女之令能相救諸距阜山林溝瀆丘陵阡陌郭門若閻術可要塞及爲徵職可以迹知往來者少多及所伏藏之處葆民先舉城中官府民宅室署小大調處葆者或欲從兄弟知者許之外宅粟米畜產財物諸可以佐城者送入城中事即急則使積門內候無過五十寇至隨葉去唯弇逮民獻粟米布帛金錢牛馬畜產皆爲置平賈與主券書之使人各得其所長天下事當鈞其分職天下事得皆其所喜天下事備強弱有數天下事具矣築郵亭者圜之高

舉

三丈以上令侍殺爲辟梯梯兩臂長三尺連門三尺報以繩連之槧再雜爲縣梁聾竈亭一鼓寇烽驚烽亂烽傳火以次應之至主國正其事急者引而上下之烽火以舉輙五鼓傳又以又屬之言寇所從來者少多旦弇還去來屬次烽勿罷望見寇舉一烽入境舉二烽射妻舉三烽一藍郭會舉四烽二藍城會舉五烽五藍夜以火如此數守烽者事急日暮出之令皆爲徽職距阜山林皆令可以迹平明而迹無迹各立其表下城之應候出置田表斥坐郭內外立旗幟卒半在內令多少無可知即有驚舉孔表見寇舉牧表城上以麾指之斥步鼓整旗旗以備戰從麾所指田者男子以戰備從斥女子亟走入即見放到傳到城正

守鼓

守表者三人更立捶表而望守數令騎若吏行旁視有以知爲所爲其曹一皷望見寇鼓傳到城止升食終歲三十六石參食終歲二十四石四食終歲十八石五食終歲十四石升六食終歲十二石升食食五升參食食參升四食食三升半五食食二升六食食一升大半日再食救死之時日二升者二十日日三升者三十日日四升者四十日如是而民免於九十日之約矣寇近亟收諸雜鄉金器若銅鐵及他可以左守事者先舉縣官室居官府不急者材之大小長短及凡數即急先發寇薄發屋伐木雖有請謁勿聽入柴勿積魚鱗簪當隊令易取也材木不能盡入者燔之無令寇得用之積木各以長短小大惡美形相從城

四面外各積其內諸木大者皆以爲關鼻乃積聚之城守司馬以上父母昆弟妻子有質在主所乃可以堅守署都司空大城四人候二人縣候面一亭尉次司空亭一人吏侍守所者財足廉信父母昆弟妻子有在葆宮中者乃得爲侍吏諸吏必有質乃得任事守大門者二人夾門而立令行者趣其外各四戟夾門立而其人坐其下吏日五閱之上逋者名池水廉有要有害必爲疑人令往來行夜者射之誅其疏者牆外水中爲竹箭箭尺廣二步箭於下水五寸雜長短前外廉三行外外鄉內亦內鄉三十步一弩廬廬廣十尺袤丈二尺隊有急極急發其近者往佐其次襲其處守節出入使主節必疏書署其情令若其事而須

節　閤　筏

其邏散以劍驗之節出使所出門者輒言節出時摻者名
百步一隊閤通守舍相錯穿室治復道爲築墉墉善其上
先行德計謀合乃入葆葆入守無行城無離舍諸守者審
知卑城淺池而錯守爲晨暮卒歌以爲度用人少易守取
疏令民家有三年畜蔬食以備湛旱歲不爲常令邊縣豫
種畜芫芸烏喙祩葉外宅溝井可窴塞不可置此其中安
則示以危危示以安寇至諸門户令皆鑿而類竅之各爲
二類一鑿而屬繩繩長四尺大如指寇至先殺牛羊雞狗
烏鴈收其皮革筋角脂䐉羽彘皆剝之吏橝桐卣爲鐵錍
厚簡爲衡枉事急卒不可遠令掘外宅林謀多少若治城
垸本爲擊三隅之重五斤已上諸林木渥水中無過一筏

塗茅屋若積薪者厚五寸已上吏各舉其步界中財物可
以左守備者上有讒人有利人有惡人有善人有長人有
謀士有勇士有巧士有使士有内人者外人者有善人者
有善門人者守必察其所以然者應名乃内之民相惡若
議吏吏所解皆禮書藏之以須告之至以參驗之睨者小
五尺不可卒者為署吏令給事官府若舍藺石厲矢諸林
器用皆讙部各有積分數為解車以枱城矣以軺車輪軲
廣十尺轅長丈為三輻廣六尺為板箱長與轅等四高尺
善蓋上治中令可載矢子墨子曰凡不守者有五城大人
少一不守者城小人衆二不守也人衆食寡三不守也市
去城遠四不守也畜積在外富人在虛五不守也率萬家

而城方三里

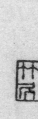

嘉靖壬子歲夷則月中元乙未之吉芝城銅板活字

無終字

墨子卷之十五終

道藏本校　沛十三

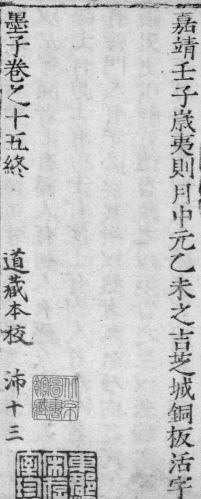